ADOLPHE JOANNE

GÉOGRAPHIE
DE
LOIR-ET-CHER

13 gravures et une carte

Joanne, Adolphe
Géographie du Loir-et-Cher

39340

HACHETTE ET Cie

GÉOGRAPHIE

DU DÉPARTEMENT

DE

LOIR-ET-CHER

AVEC UNE CARTE COLORIÉE ET 13 GRAVURES

PAR

ADOLPHE JOANNE

AUTEUR DU DICTIONNAIRE GÉOGRAPHIQUE ET DE L'ITINÉRAIRE
GÉNÉRAL DE LA FRANCE

DEUXIÈME ÉDITION

PARIS

LIBRAIRIE HACHETTE ET CIE

79, BOULEVARD SAINT-GERMAIN, 79

1879

Droits de traduction et de reproduction réservés

TABLE DES MATIÈRES

DÉPARTEMENT DE LOIR-ET-CHER

I	1	Nom, formation, situation, limites, superficie.	1
II	2	Physionomie générale.	2
III	3	Cours d'eau.	6
IV	4	Climat.	13
V	5	Curiosités naturelles.	14
VI	6	Histoire.	15
VII	7	Personnages célèbres.	28
VIII	8	Population, langue, culte, instruction publique.	29
IX	9	Divisions administratives.	31
X	10	Agriculture.	33
XI	11	Industrie.	35
XII	12	Commerce, chemins de fer, routes.	38
XIII	13	Dictionnaire des communes.	39

LISTE DES GRAVURES

1	Ruines du château de Lavardin.	5
2	Montrichard.	11
3	Château de Chambord.	21
4	Église de la Trinité, à Vendôme.	23
5	Château de Blois, sous François Ier.	25
6	Château de Saint-Agil.	40
7	Saint-Aignan.	41
8	Escalier du château de Blois.	43
9	Belvédère du château de Chambord.	45
10	Château de Chaumont.	49
11	Château de la Motte-Beuvron.	53
12	Romorantin.	55
13	Porte et hôtel de ville de Vendôme.	57

Typographie Lahure, rue de Fleurus, 9, à Paris.

DÉPARTEMENT
DE LOIR-ET-CHER

I. — Nom, formation, situation, limites, superficie.

Le département de Loir-et-Cher doit son *nom* aux deux rivières du Loir et du Cher, qui le traversent.

Il a été *formé*, en 1790, d'une portion de deux des anciennes provinces qui constituaient alors la France : la **Touraine**, à laquelle il a emprunté 26,989 hectares ; l'**Orléanais**, qui lui a fourni environ 600,000 hectares, répartis entre l'*Orléanais propre*, le *Blésois* et le *Dunois*.

Loir-et-Cher est *situé* dans la région centrale de la France. Blois, son chef-lieu, se trouve à 178 kilomètres au sud-ouest de Paris par le chemin de fer, à 162 à vol d'oiseau.

Il a pour *limites* les départements suivants : au nord, Eure-et-Loir ; au nord-est, le Loiret ; au sud-est, le Cher ; au sud, l'Indre ; au sud-ouest, Indre-et-Loire ; au nord-ouest, la Sarthe. Ces limites sont conventionnelles, c'est-à-dire tracées à travers champs et non formées par quelque obstacle naturel, tel que des montagnes, des rivières, ou du moins de gros ruisseaux. Au nord-ouest, la Braye et le Loir le séparent de la Sarthe sur une assez longue étendue ; au sud, le cours du Cher lui sert, sur un certain point, de frontière du côté de l'Indre ; à l'est, le Beuvron coule pendant 10 kilomètres entre le département de Loir-et-Cher et celui du Cher.

La *superficie* de Loir-et-Cher est de 635,092 hectares. Sous ce rapport, c'est le 31ᵉ département de France : en d'autres termes, trente sont plus étendus. Sa plus grande *longueur*, — du nord-ouest au sud-est, de la commune du Plessis-Dorin à celle d'Orçay, — est d'environ 125 kilomètres. Sa *largeur* varie de 40 à 50 kilomètres. Enfin son *pourtour* est de 400 kilomètres, si l'on ne tient pas compte des sinuosités secondaires.

II. — Physionomie générale.

Justement célèbre pour sa fécondité, ses larges horizons, ses gracieux paysages, ses riantes collines couvertes de villas et de châteaux, la vallée de la Loire divise le département en deux parties à peu près égales : celle du nord comprend la Beauce et le Perche, séparés à leur tour l'une de l'autre par la vallée du Loir ; celle du sud est la Sologne. Ces deux régions de plateaux sont bien distinctes, au point de vue de la nature du sol et de la physionomie du pays.

La vallée du Loir est arrosée par une rivière limpide, qui coule, calme et profonde, dans de jolies prairies, au pied de collines plus hautes et plus escarpées que celles de la grande vallée centrale. En certains points, ces collines deviennent des falaises : aux Roches, au-dessus de Montoire et des belles ruines du château de Lavardin, un village entier est creusé dans la roche vive qui domine à pic la rive droite du Loir. Plus bas, en aval de Montoire, le bourg de Trôo est un amphithéâtre de maisons dont beaucoup ont été taillées dans le tuf d'un coteau abrupt. Le long de la vallée, sur les versants bien abrités, et principalement sur la rive droite, dont les coteaux sont exposés au midi, croissent des vignes produisant des vins assez estimés.

Au nord et au nord-ouest du Loir s'étend le Perche ; au sud, entre cette rivière et la Loire, est comprise la Beauce.

Le **Perche** est la contrée la plus accidentée et la plus agreste du département. Le Perche vendômois est formé par des collines boisées qui vont se rattacher, au nord, dans les départe-

Ruines du château de Lavardin.

ments d'Eure-et-Loir et de la Sarthe, aux massifs du Perche proprement dit. On y rencontre des bois de pins à résine, du côté de Mondoubleau, et des forêts dont les plus belles sont celles de Fréteval et de Vendôme, toutes les deux voisines du Loir; de belles eaux courent, dans les vallées, entre des rives bordées de fraîches prairies; sur le plateau, sur les collines, les champs sont limités par des levées de terre que couronnent des haies vigoureuses; ils produisent surtout des céréales et du chanvre; çà et là se voient quelques vignes, dans les parties les plus basses et les mieux protégées; partout se cultivent les pommiers : le cidre du Perche vaut mieux que son vin. La colline la plus haute du Perche et aussi du département, le Cormont, a 256 mètres d'altitude; elle se trouve près de Fontaine-Raoul, au sud-est de Droué. Cette colline est trois fois plus élevée au-dessus du niveau de la mer que le clocher de Vendôme (78 mètres), l'édifice le plus haut du département, l'est au-dessus du sol; mais elle l'est dix-huit fois moins que le Mont-Blanc (4,810 mètres), la plus haute montagne de la France et même de l'Europe. D'autres collines du Perche atteignent : 248 mètres, dans la forêt de Montmirail, près du Plessis-Dorin, sur les frontières de la Sarthe; 234 mètres, près du Gault (frontière d'Eure-et-Loir); 217 mètres, près du Temple; elles s'abaissent à mesure que l'on s'avance vers le sud, où les coteaux qui dominent la rive droite du Loir n'ont guère que 150 à 160 mètres.

La **Beauce**, qui s'étend aussi dans les départements d'Eure-et-Loir et du Loiret, est un immense plateau, monotone d'aspect : le regard, que ne charment ni chaînes de collines, ni groupes d'arbres, ni rivières, ni ruisseaux dans des prairies, ni sources vives, ne s'y arrête que sur des champs de blé s'étendant à perte de vue, des routes en ligne droite, des moulins à vent, des fermes, des hameaux et de gros villages groupés autour de clochers visibles de tous les points de l'horizon. Mais cette contrée est célèbre par sa fécondité; la qualité et la quantité de ses céréales l'ont fait appeler le *grenier de la France*. La Beauce a, dans Loir-et-Cher, une altitude de 125 à 150 mètres. Les forêts qui la recouvraient autrefois ont disparu, à l'exception d'un certain nombre de bois de peu d'étendue et de la vaste forêt de Marchenoir; celle de Blois est comprise entre la Loire et la Cisse. Après avoir perdu ses forêts, le sol, devenu moins humide, a vu tarir ses fontaines, et avec ses fontaines presque tous ses ruisseaux, qui maintenant ont cessé de couler ou prennent leur source beaucoup plus bas qu'autrefois.

La **Sologne** s'étend, à une altitude variant de 75 à 125 mètres, au sud et au sud-est de la Loire, entre ce fleuve et le cours du Cher. Cette région était jadis une forêt dont il reste de beaux débris : la forêt de Boulogne, qu'avoisine le château de Chambord; la forêt de Russy, au sud de Blois; la forêt de Bruadan, au nord-est de Romorantin, et de grands et de petits bouquets de bois sur divers points du pays. Jadis d'une stérilité et d'une insalubrité proverbiales, cette contrée s'améliore aujourd'hui et se fertilise. Depuis une vingtaine d'années, ses voies de communication se multiplient, ses terres sont amendées par la marne de Blancafort (Cher), transportée par le chemin de fer et par le canal de la Sauldre (*V.* ci-dessous, p. 15), et un drainage bien entendu enlève au sol l'excès des eaux qui, en hiver, couvrent les bas-fonds argileux. Plus des deux tiers des étangs ont été desséchés, et l'on en compte à peine aujourd'hui 200, chiffre insignifiant puisque naguère il en existait près de 1000 dans l'arrondissement de Romorantin. Au seigle et au sarrazin, autrefois les seules ressources de cette région, sont venus se joindre le colza, la betterave et même la vigne, envahissant, avec les plantations de pins, d'immenses terrains où l'on n'avait jamais vu que de maigres bruyères.

Au sud de la Sologne et du département, la vallée du Cher, comme au nord celle du Loir, a des versants chauds et rocheux, dont les vins, ceux de Thésée, Monthou, Bourré, sont célèbres dans le pays, des coteaux escarpés, des falaises, des villages creusés dans le tuf : tel est, par exemple, celui de Bourré, dont les immenses carrières de pierre tendre durcissant à l'air ont servi à bâtir deux grandes villes, Blois et Tours, deux autres cités moins vastes, Bléré et Montrichard, deux châteaux de premier ordre, Chenonceaux et Chambord, et alimentent aujourd'hui tout le bassin inférieur de la Loire d'Orléans à Nantes.

III. — Cours d'eau.

Toutes les eaux de Loir-et-Cher se dirigent vers la Loire, soit directement, soit par la Cisse, le Cher et le Loir, qui vont se jeter dans le fleuve hors du département.

La **Loire** est le plus long des fleuves de la France, et, dans toute l'Europe, il n'y a guère que douze ou treize fleuves qui aient un cours plus étendu, et dix seulement qui drainent un bassin plus vaste. Sa longueur dépasse 1,000 kilomètres, et son bassin comprend onze ou douze millions d'hectares, ce qui ne fait pas le quart de la France entière, mais ce qui en fait plus du cinquième. Ce fleuve naît à moins de 150 kilomètres de la Méditerranée, mais il vient se jeter beaucoup plus loin, dans l'Océan. Sa première source, bien faible, jaillit à 1,373 mètres au-dessus des mers, dans le département de l'Ardèche, sur le flanc du Gerbier-de-Joncs, pic volcanique haut de 1,562 mètres. De sa source à son entrée dans le département de Loir-et-Cher, la Loire longe ou traverse huit départements : l'Ardèche, la Haute-Loire, la Loire, Saône-et-Loire, l'Allier, la Nièvre, le Cher et le Loiret. Les principales villes qu'elle baigne dans ce long trajet, ou qu'elle laisse à quelques kilomètres seulement sur la gauche ou sur la droite sont : le Puy-en-Velay, Saint-Étienne-en-Forez, Roanne, Nevers, Cosne et Orléans. Enfin ses grands affluents, jusqu'à son entrée en Loir-et-Cher, sont l'Arroux et l'Allier. Toutefois, lorsque la Loire atteint la frontière de Loir-et-Cher, au-dessous de Beaugency, elle ne roule pas un volume d'eau proportionné à la longueur de son cours, au nombre de ses affluents, à l'étendue de son bassin. C'est, malheureusement, une de ces rivières mal réglées, terribles à la suite de fortes pluies et comparativement très-faibles en temps de sécheresse. De même que la Loire peut rouler dans ses grandes crues 10,000, 12,000, peut-être 15,000 mètres cubes d'eau par seconde, en d'autres termes 10 millions, 12 millions, 15 millions de litres, de même aussi on l'a vue ne débiter que 24 mètres cubes ou 24,000 litres devant Orléans après une sécheresse prolongée, à l'état d'*étiage* comme on dit communément. Le débit minimum du fleuve doit être à Blois d'environ 25 mètres cubes ; ce n'est guère plus de la moitié du volume d'étiage de la Seine à Paris. La Loire est fort large dans le département de Loir-et-Cher, et, quand les eaux sont hautes, c'est un très-grand fleuve ; aux eaux basses, son aspect change : elle se transforme alors en un vaste champ de sable où coulent côte à côte de gros ruisseaux sans profondeur ; un chenal, que la main de l'homme maintient plus large et plus profond que les autres, écoule la masse principale des eaux et garde seul les proportions d'une rivière moyenne.

La Loire a dans le département de Loir-et-Cher un cours de 60 kilomètres. Elle y arrose Lestiou, Avaray, Nouan, Muides, Saint-Dyé, Suèvres, Cour, Ménars, Saint-Denis, la Chaussée-Saint-Victor, Blois, qu'elle sépare de son faubourg de Vienne, Chouzy, Chaumont, Rilly et Veuves. Elle entre ensuite dans le département d'Indre-et-Loire, où elle baigne Tours, traverse celui de Maine-et-Loire, où elle rencontre Saumur, et passe enfin dans celui de la Loire-Inférieure pour y rencontrer Ancenis et Nantes, s'y transformer en un estuaire large de 3 à 4 kilomètres, passer devant Paimbœuf et se jeter dans l'Atlantique devant Saint-Nazaire, grand port de commerce qui entretient des relations très-suivies avec l'Amérique.

La Loire reçoit, dans le département, l'Ardoux, la Tronne, la Nouc, le Cosson et le Beuvron. Hors du département, elle recueille, comme cours d'eau appartenant à Loir-et-Cher par leur source ou par une partie de leur bassin, la Masse, la Cisse, le Cher et le Loir.

L'*Ardoux* (40 kilomètres), ruisseau qui, venant du département du Loiret, a une grande partie de son cours dans la vallée même de la Loire, se jette dans le fleuve (rive gauche) en amont de Nouan.

La *Tronne* (13 kilomètres), qui baigne Mer et Suèvres, a presque tout son cours dans la vallée du fleuve, qu'elle rencontre (rive droite) à Cour.

La *Noue* (10 kilomètres) prend sa source à Montlivault et coule constamment dans la vallée de la Loire, qu'elle atteint (rive gauche) en amont de Vienne.

Le *Cosson* (100 kilomètres, dont à peu près 50 dans le département), venu du Loiret, coule d'abord en Sologne, où il baigne la Ferté-Saint-Cyr, Crouy, Chambord, dont il traverse le parc. Après avoir longé la forêt de Boulogne, arrosé Huisseau et Vineuil, il débouche dans la vallée de la Loire. Le Cosson y serpente au pied des collines de la rive gauche, passe à 1 kilomètre de Vienne, faubourg de Blois, côtoie la forêt de Russy et baigne Chailles. Arrivé à 1 kilomètre du fleuve, il se partage en deux bras : le bras le moins considérable se jette dans la Loire, près de Candé ; l'autre va rejoindre, tout près de là, le Beuvron. — Le Cosson reçoit le *ruisseau d'Arignan* et la *Noue*.

Le *Beuvron* (125 kilomètres, dont près de 100 dans Loir-et-Cher ou sur ses limites), qui reçoit les eaux de la plupart des étangs solognots, sort lui-même d'un étang (180 mètres d'altitude), situé à 2 kilomètres au nord d'Argent (Cher), et sert de limite entre le Cher et Loir-et-Cher, avant d'entrer tout entier dans ce dernier département. Il y baigne Chaon, la Motte-Beuvron, la Ferté-Beauharnais, Neung, Neuvy, côtoie la forêt de Boulogne, puis celle de Russy, en passant par Bracieux, Tour-en-Sologne, Cellettes et Seur. A Candé (rive gauche), il se réunit au grand bras du Cosson (*V.* ci-dessus) et se verse presqu'aussitôt dans la Loire. — Il reçoit dans le département : le *Mallard* (rive droite), qui longe la forêt de Chaon ; — le *ruisseau d'Azenière*, à la Motte-Beuvron (rive droite) ; — la *Tharonne* (24 kilomètres), à Neung (rive droite) ; — le *Néant* (48 kilomètres ; rive gauche) ; — le *ruisseau de Montrieux-*

Villeneuve (rive droite) ; — la *Bonne-Heure* (50 kilomètres), à Bracieux (rive gauche) ; — le *ruisseau de Cour-Cheverny* (18 kilomètres), à Cellettes (rive gauche) ; — la *Bièvre* (20 kilomètres), qui vient de Contres, aux Montils (rive gauche) ; — le grand bras du Cosson, à Candé (rive droite).

La *Masse*, ou *Amasse* (22 kilomètres), a la moitié supérieure de son cours dans Loir-et-Cher, où elle baigne Vallières-les-Grandes. Elle se perd dans la Loire (rive gauche) à Amboise (Indre-et-Loire).

La *Cisse* (90 kilomètres, dont plus de 60 dans Loir-et-Cher) se forme, au-dessus de Saint-Bohaire, de deux ruisseaux de la Beauce appelés tous deux Cisse : l'un vient des marais de Pontijoux (commune de Maves), reçoit le *Vaux-Profond* et baigne Averdon ; l'autre naît à Lancôme, et passe à Landes et à la Chapelle-Vendômoise. La Cisse arrose Saint-Bohaire, où tombe (rive droite) un ruisseau formé par une source très-abondante, Saint-Lubin-en-Vergonnois, longe la forêt de Blois en passant par Orchaise, Saint-Secondin, Chambon et Coulanges. A Chouzy, elle sort de son étroit vallon et débouche dans la vallée de la Loire ; mais, au lieu de tomber en entier dans le fleuve, elle ne lui envoie qu'un faible ruisseau ; la masse principale des eaux, prenant un cours parallèle à la Loire, coule au pied des coteaux de la rive droite, à une distance du fleuve qui varie entre 800 et 2,000 mètres, pendant plus de 40 kilomètres. Elle baigne, en outre, dans le département, Onzain et Monteaux, puis entre dans Indre-et-Loire. — Un peu au-dessus de son embouchure dans le fleuve à Vouvray, la Cisse reçoit la *Brenne* (54 kilomètres), dont le bassin supérieur dépend de Loir-et-Cher, où elle arrose Saint-Amand, Longpré et Villechauve et où elle a environ 20 kilomètres de cours.

Le **Cher** (320 kilomètres) prend sa source, à 762 mètres d'altitude, dans le département de la Creuse. Il baigne Montluçon (Allier), Saint-Amand-Montrond et Vierzon (Cher), avant d'entrer dans Loir-et-Cher, où il a 80 kilomètres de cours et où sa largeur moyenne dépasse un peu 100 mètres. Il y traverse ou y touche Châtres, Mennetou, Saint-Loup, Langon, Saint-Julien-et-Villefranche, la Chapelle-Montmartin, Chabris, Gièvres, Selles, Châtillon, Couffy, Seigy, Noyers, Saint-Aignan, Mareuil, Pouillé, Thésée, Angé-Monthou, Bourré, Montrichard, Chissay et Saint-Georges. Au delà, il entre dans Indre-et-Loire, où il se jette dans la Loire, vis-à-vis de Cinq-Mars. Le Cher a peu d'eau en été, et ses plus fortes crues ne dépassent guère 4 mètres 50 centimètres au-dessus de l'étiage. Depuis son entrée dans le département jusqu'aux environs de Saint-Aignan, il prête sa vallée au canal du Berri (*V.* ci-dessous). — Le Cher reçoit dans le département la *Prée*, la Sauldre (*V.* ci-dessous), le *Fouzon*, qui baigne Meusnes et qui appartient presque en entier aux départements de l'Indre et du Cher; le *Modon* (32 kilomètres, dont 29 dans l'Indre), les *ruisseaux de Châteauvieux*, *de Saint-Aignan*, *de Saint-Romain*, *de Monthou*, *de Faverolles* et *d'Épeigné*.

La *Sauldre* (162 kilomètres, dont près de la moitié dans Loir-et-Cher), née dans le Cher, entre en Sologne près d'Argent. Elle baigne Pierrefitte, Salbris, la Ferté-Imbault, Selles-Saint-Denis, Villeherviers, Romorantin, Pruniers, et tombe dans le Cher au-dessous de Selles (rive droite). La Sauldre a pour affluents dans Loir-et-Cher : la *petite Sauldre* (rive gauche), qui naît dans le département du Cher et reçoit la *Boule-Morte*; le *Méan*, le *Naon*, grossi du *Coussin*; la *Rère*, née dans le Cher; la *Beauce*, le *Morantin*, le *ruisseau des Maulnes* et la *Croisne*.

Le **Loir**, long de 310 kilomètres, dont près de 90 dans Loir-et-Cher ou sur la limite de ce département avec Eure-et-Loir et avec la Sarthe, naît dans Eure-et-Loir, où il baigne Châteaudun. Dans Loir-et-Cher, il arrose Saint-Jean-Froidmantel, Saint-Hilaire-la-Gravelle, Morée, Fréteval, Pézou, Lisle, Saint-Firmin, Meslay, Arcines, Vendôme, Naveil, Villiers, Thoré, les Roches, Villavard, Lavardin, Montoire, Saint-Quentin, Saint-Jacques-des-Guérets, Troô, Artins, Couture et Tréhet. Passant ensuite dans le département de la Sarthe, il y baigne la Flèche, et va se jeter, sur le territoire de

Montrichard.

Maine-et-Loire, dans la Sarthe. A son tour, la Sarthe, se confondant avec une autre rivière, la Mayenne, perd son nom. La rivière qu'elle forme avec la Mayenne, la Maine, passe sous les ponts d'Angers et tombe dans la Loire, en aval de Bouchemaine.
— Le Loir reçoit : à Cloyes (rive droite), dans Eure-et-Loir, le *Droué* (20 kilomètres), qui a presque tout son cours dans Loir-et-Cher, où il baigne Droué, Ruan et Villebout; à Pézou (rive droite), le *Gratte-Loup* (18 kilomètres), qui passe à la Ville-aux-Clercs et à Busloup; au-dessus de Meslay (rive gauche), le *Réveillon* (16 kilomètres), qui arrose la Chapelle-Enchérie; à Arcines (rive gauche), la *Houzée* (15 kilomètres), qui vient de Selommes; au Gué-du-Loir (rive droite), le *Boulon* (22 kilomètres); à Thoré (rive gauche), la *Brisse* (13 kilomètres), qui vient de Huisseau-en-Beauce; le *ruisseau de Lunay* (rive droite); au-dessous des Roches (rive gauche), le *ruisseau de Saint-Rimay* et la *fontaine de Sasnières;* à Lavardin (rive gauche), le *ruisseau de Saint-Arnoult;* à Saint-Quentin (rive gauche), le *ruisseau de Saint-Martin-des-Bois* et (rive droite) le *ruisseau de Fontaine-en-Beauce;* à Troô (rive droite), la *Gouffrande* et (rive gauche) la *Cendrine* (13 kilomètres), qui passe à Ternay; à Couture (rive droite), la *Braye* : cette rivière (72 kilomètres) n'arrose pas Loir-et-Cher; elle lui sert seulement de limite avec le département de la Sarthe; elle naît dans Eure-et-Loir, au pied de collines boisées du Perche; dans Loir-et-Cher, elle baigne Sargé, Savigny, Cellé, Bonneveau, et se jette par deux bras dans le Loir au pied de la colline abrupte de Sougé. Ses affluents sur le territoire du département sont : le *Coîtron* (16 kilomètres), qui passe à Arville et à Oigny, et la *Grenne* (25 kilomètres), qui vient de la Chapelle-Vicomtesse, passe à Boursay, Choue, Mondoubleau, Cormenon, et se perd dans la Braye à Sargé.

CANAUX. — Le département de Loir-et-Cher est traversé, dans sa partie sud, sur une longueur de 44 kilomètres, par la branche principale du **canal du Berri**, voie navigable livrée à la navigation en 1839 et destinée à réunir la haute et la basse Loire,

Cette branche va de l'embouchure de l'Allier dans la Loire, à Noyers, près de Saint-Aignan, par la vallée du Cher. Une autre branche va de Fontblisse (Cher) à Montluçon (Allier). La longueur du canal et de ses embranchements, qui ont coûté 18 millions de francs, est de 325 kilomètres ; la largeur, au plafond, de 5 mètres seulement. De plus, ce canal manque souvent d'eau en été, bien qu'il soit alimenté par le Cher, la Queune, l'Auron, l'Yèvre et par plusieurs réservoirs. Divers projets tendant à en compléter l'alimentation sont actuellement à l'étude.

Le *canal de la Sauldre*, destiné à favoriser l'amélioration du sol de la Sologne par l'emploi des amendements marneux, a été commencé en 1848 et achevé vers 1868. Il relie les gisements de marne de Blancafort au chemin de fer d'Orléans à Vierzon près de la Motte-Beuvron. Il est alimenté, près d'Argent, par la Grande-Sauldre, l'étang du Puits et l'étang Neuf.

Un autre canal, plus important que celui de la Sauldre puisqu'il aura 148 kilomètres de longueur et 10 mètres de largeur au plafond, et appelé déjà le *canal de la Sologne*, doit relier très-prochainement au Cher la jonction du canal de Briare et du canal latéral à la Loire. Il partira de Châtillon-sur-Loire (Loiret), longera la rive gauche du fleuve jusqu'en amont de Sully, franchira le Beuvron, rejoindra le canal de la Sauldre au col du Coudray, à 14 kilomètres est-sud-est de la Motte-Beuvron, croisera le chemin de fer d'Orléans à Vierzon entre Nouan et Salbris, et se terminera à Monthou-sur-Cher.

IV. — Climat.

Le climat de Loir-et-Cher est doux et tempéré ; il est sain en dehors de la Sologne, dont les habitants ont à souffrir du voisinage des étangs à fond de vase et de la présence de l'argile dans le sol. Les dépôts argileux étant nécessairement horizontaux, l'eau n'y trouve pas d'écoulement et se charge bientôt d'une foule d'animalcules qui, vivants, en absorbent les éléments respirables et la salissent par leurs excrétions, ou bien la corrompent quand ils sont morts. C'est l'usage de cette eau pour la boisson qui engendre les fièvres intermittentes et les engorgements abdominaux.

Blois a une température moyenne de 11 degrés à 11 degrés et demi, un demi degré environ de plus que Paris. On compte en moyenne par année 54 jours très-beaux, 113 couverts, 201 nuageux, 27 journées de brouillard, 12 de neige et 50 à 60 de gelée. Si toute l'eau tombée du ciel pendant l'année restait sur le sol sans être absorbée par la terre ou pompée par le soleil, on recueillerait, dans les 365 jours, une nappe d'eau de 646 millimètres de profondeur (la moyenne de la France est de 770 millimètres).

V. — Curiosités naturelles.

La seule partie du département qui offre des curiosités de cette nature est la vallée du Loir entre Vendôme et Troô, si toutefois on peut appeler curiosités naturelles des cavernes en partie creusées de main d'homme. Les galeries ouvertes dans la colline de Troô, larges en général de 2 mètres sur $1^m,30$ de hauteur, s'entre-croisent de manière à former un labyrinthe de plusieurs kilomètres de longueur totale. L'une des galeries, maintenant obstruée, aboutissait à une source qui alimente un puits dont l'ouverture se trouve au sommet de la colline. Ce puits, appelé *puits de Jacob*, offre un écho très-remarquable. Toutes ces galeries donnent accès dans des grottes, où logent la majeure partie des habitants de Troô. Les grottes des Roches sont également habitées.

Entre Montoire et Lavardin s'étend une série de grottes intéressantes, dont l'une, à deux étages, la grotte de la Vierge, est percée de fenêtres d'où l'on découvre une très-belle vue. Au-dessous, à mi-côte, jaillit la *fontaine Auduée*, à laquelle les paysans attribuent des propriétés merveilleuses. Près de Montoire aussi, s'ouvre le pittoresque vallon des *Reclusages* (nombreuses cavernes), qui se termine par une espèce de cirque de rochers hauts de 10 mètres, d'où tombe une cascade. Enfin nous signalerons les curieuses grottes du Breuil, qui sont d'anciennes habitations druidiques; celle d'Orchaise, près de Blois; celle des Roches, etc.

VI. — Histoire.

Ni au temps des Gaulois, ni au temps des Romains, le pays qui est devenu le département de Loir-et-Cher n'a joué un rôle important. Dépendance du pays des *Carnutes*, il était couvert de ces vastes forêts que les druides choisissaient pour retraites et pour temples, et dont les bois de Fréteval, de Marchenoir, de Blois, de Russy, de Boulogne ne sont que les débris. A l'époque celtique toutefois, ces forêts devaient être assez habitées puisque l'on rencontre sur bien des points du département des *dolmens*, des *menhirs*, des *pierres fiches* (Saint-Hilaire-la-Gravelle, Fréteval, Thoré, Pont-de-Braye, la Chapelle-Vendômoise, Landes-Saint-Lubin, Pierrefitte-sur-Sauldre, Soings, environs de Lavardin, de Montoire, etc.).

Ces monuments ne sont plus considérés aujourd'hui comme des monuments druidiques, mais comme des tombeaux ou des débris de sanctuaires. Ils n'en révèlent pas moins l'existence, à une date très-reculée de peuplades qui doivent être appelées *celtiques*.

Si les Carnutes donnèrent le signal du soulèvement général contre les Romains, à la fin de l'année 55 avant Jésus-Christ, on ne sait rien de la part qu'ont pu prendre à cette guerre, premier et dernier élan du patriotisme gaulois, les peuplades d'entre Loir et Cher. Blois existait pourtant à cette époque, car les étymologistes font dériver ce mot de *Bleiz* ou *Blezian*, mot gaulois qui signifiait loup. Après la conquête romaine, Blois fut, dit-on, occupé par une garnison, et la situation seule de la ville indique qu'elle n'avait pu être négligée par des maîtres aussi experts dans l'art militaire que les Romains. Tant que se maintint ce qu'on a appelé la *paix romaine*, les forêts furent défrichées, les clairières virent s'élever des villages nombreux, le pays prospéra. Des ruines romaines, que les archéologues de Blois et de Vendôme ne cessent d'explorer et d'étudier, montrent que là comme ailleurs se poursuivit une œuvre active de civilisation.

Les invasions ramenèrent la barbarie et la misère au quatrième siècle, au moment même où les prédications de saint Martin de Tours, succédant à celles des disciples de saint Denis au troisième siècle, faisaient pénétrer dans cette partie centrale de la Gaule la lumière du christianisme. La contrée d'entre Loir et Cher fut partagée sous les fils de Clovis entre le royaume de Paris et le royaume d'Orléans, division qui dura peu, car l'unité triompha en Gaule. Louis le Débonnaire poursuivit, dit-on, un de ses fils rebelles, Lothaire, jusqu'à Blois, l'atteignit et le força à implorer son pardon (834). C'est le seul fait saillant qui soit signalé dans ces premiers siècles jusqu'à l'apparition des *Normands*. Mais, si les Normands, remontant la Loire, portèrent sur ses bords la dévastation et l'incendie, le pays ne tarda pas à se soulever contre les envahisseurs et à prêter son appui au vaillant comte Robert le Fort, qui rendit cœur et confiance aux populations épouvantées.

Le pays d'entre Loir et Cher formait déjà un *comté*, l'un des plus anciens et des plus célèbres fiefs du moyen âge, car les titulaires de ce comté devaient être la tige de la plus fameuse dynastie de nos rois, des Capétiens. Les premiers comtes furent *Guillaume*, mort en 834 ; *Eudes*, son fils, mort en 865 ; *Robert le Fort*, neveu d'Eudes, mort héroïquement en 867 au combat de Brissarthe (près d'Angers) ; *Robert*, son second fils, qui devint roi des Francs, mort en 923. Sans doute le comté de Blois n'était qu'une partie des possessions de cette maison puissante des Eudes, des Hugues, qui possédaient Paris, Tours, Orléans, mais il n'en fut pas moins, comme on le voit, un des premiers éléments du domaine royal des Capétiens. Il ne resta point toutefois attaché à ce domaine.

usurpé par le *tricheur Thibault*, comte de Champagne, il devint un véritable état.

Eudes Ier, fils de Thibault le Tricheur, héritier des comtés de Blois, de Chartres et de Tours, fut un si puissant seigneur qu'un roi de France (Robert) ne dédaigna pas d'épouser sa veuve, Berthe de Bourgogne. Plus tard, Eudes II accrut encore ses vastes domaines par l'usurpation définitive de la Champagne. Il s'intitulait « comte par la grâce de Dieu » et écrivait à Henri Ier qui voulait confisquer ses biens : « Je tiens mes domaines, non de votre libéralité, mais de la succession de mes ancêtres. » Après Thibault III, *Henri-Étienne*, son fils aîné, parvint à une alliance souveraine. Gendre de Guillaume le Conquérant, puis l'un des principaux chefs de la première croisade, Henri-Étienne fut un des plus redoutables barons du onzième siècle, et le nombre de ses châteaux, si l'on en croit la tradition, égalait celui des jours de l'année. Le quatrième fils d'Étienne devint roi d'Angleterre sous le nom d'*Étienne de Blois*. Après Thibault IV, le comté de Blois et le comté de Chartres ne furent plus réunis à la Champagne que par un lien de vassalité rompu lui-même sous le règne de saint Louis, en 1238. Cette première maison des comtes de Blois finit du reste avec Thibault VI, et le Blésois passa alors dans la maison de Châtillon. Jean Ier, de cette maison, parvint à un tel degré de richesse qu'il créa pour sa famille un Saint-Denis dans l'abbaye de la Guiche, où ses funérailles coûtèrent trente-cinq mille livres, somme considérable au treizième siècle (1280).

Des alliances fréquentes avec la famille royale devaient finir par ramener le comté de Blois dans le domaine de la Couronne, et, à l'extinction de la maison de Châtillon, il y rentra déjà presque par l'acquisition que fit de cette riche seigneurie le duc d'Orléans, frère de Charles VI. Ce beau « comté de la Loire », comme on disait alors, fut payé avec la dot qu'avait apportée au duc d'Orléans son épouse *Valentine Visconti*, de Milan. *Louis d'Orléans* fit son entrée solennelle à Blois le 31 août 1403. Il commençait la quatrième et dernière famille des comtes de Blois, qui ne devait pas tarder à confondre cet apanage avec le domaine de la Couronne, puisque cette famille allait arriver au trône avec Louis XII. Le comté de Blois servit de retraite à Valentine de Milan après le meurtre si lâche et si odieux de son mari par le duc de Bourgogne, Jean Sans-Peur (1407). C'est dans le château de Blois qu'elle cacha sa douleur, si poétiquement exprimée par une légende qu'elle avait fait inscrire sur les murs tendus de noir : *Rien ne m'est plus, plus ne m'est rien*. C'est là qu'elle mourut, en 1408, « de courroux et de deuil ». Blois, une des rares villes qui restèrent au roi Charles VII dépouillé par les Bourguignons et les Anglais, servit de point d'appui à Jeanne d'Arc pour tenter et opérer la délivrance d'Orléans, qui fut le signal de la délivrance du pays tout entier.

A partir de cette époque, la ville et le château de Blois se mêlent d'une façon intime à l'histoire de France parce que les princes affectionnent de plus en plus la belle vallée de la Loire. *Charles d'Orléans*, après sa longue captivité en Angleterre (il avait été fait prisonnier à Azincourt), vint tenir à Blois une cour brillante où il se plaisait à cultiver les arts et la poésie. Plus tard, ce fut au château de Blois que le fils de Charles d'Orléans, Louis, revenu des témérités de sa jeunesse et proclamé roi à la place de Charles VIII, dit, ces belles paroles aux députés de sa ville d'Orléans : « Ce n'est pas au roi de France à venger les injures du duc d'Orléans. » A Blois, *Louis XII* rendit la fameuse ordonnance de 1499 en 162 articles, témoignage irrécusable de son zèle pour la justice et la sage administration de son royaume. A Blois fut rendue une autre ordonnance de 1504 relative à la rédaction des coutumes. Blois était donc le séjour de prédilection de Louis XII et comme la capitale du royaume.

Aussi est-ce à Blois que Louis XII signa les traités connus dans l'histoire sous le nom de traités de Blois. Par le premier (1504), le roi, désespéré des revers éprouvés en Italie, accordait sa fille Claude de France au petit-fils de Maximilien d'Autriche, Charles, avec les duchés de Milan, de Bretagne et de Bourgogne pour dot. Heureusement ce traité funeste ne fut pas exécuté et les États de Tours le cassèrent. Quant au second, conclu en 1505 avec Ferdinand le Catholique, il était moins désastreux, parce qu'il ne stipulait que l'abandon du royaume de Naples, abandon compensé par le mariage de Ferdinand avec une princesse française, Germaine de Foix. Anne de Bretagne, dont l'influence n'avait pas peu contribué au premier traité de Blois, mourut en cette ville en 1514. Enfin, par l'avénement de *François I*er, des *Valois-Angoulême*, le Blésois fut définitivement réuni à la Couronne avec *Romorantin* et une partie de la *Sologne* que possédait déjà le comte d'Angoulême.

François Ier, non moins que Louis XII, se plaisait sur les bords de la « molle » Loire ; son goût pour la magnificence le porta à déserter le château de Blois et à construire, au milieu d'une vaste forêt, un château qui fut pour lui un autre Fontainebleau, le château de *Chambord*. Dix-huit cents ouvriers y travaillèrent, dit-on, pendant plus de douze ans, et, en 1539, François Ier put en faire admirer les merveilles à son hôte Charles-Quint, qui le proclama « un abrégé de ce que peut effectuer l'industrie humaine ». François Ier néanmoins habitait aussi souvent *Romorantin*, dont il avait également fait rebâtir le château et où il faillit perdre la vie en assiégeant, par manière de jeux, dans son hôtel, le jour des Rois de l'année 1521, le seigneur que le hasard avait désigné ce jour-là comme *roi de la Fève*. Henri II résidait aussi dans ces châteaux et revint à Blois, où fut rendu l'édit qui divisait le royaume en dix-sept grandes *généralités financières* (1552). Le complot de *la Renaudie* devait éclater à Blois, mais les Guises, avertis, emmenèrent le roi à Amboise et la ville de Blois échappa ainsi au lamentable spectacle que devait offrir la cruelle répression de cette conspiration, le premier acte sanglant de nos sanglantes guerres de religion. La cour néanmoins ne quittait point cette partie de la vallée de la Loire devenue comme le centre du royaume, et c'est à *Romorantin* que l'illustre chancelier *Michel de l'Hôpital* fit rendre un édit (1560) favorable à la *tolérance religieuse*.

Quoique ayant eu une existence différente, le *Vendômois*, qui comprenait une partie importante du département actuel de Loir-et-Cher, vint se confondre aussi, comme le Blésois, dans le domaine royal; comme lui, il fut de bonne heure l'apanage de princes du sang royal; comme lui enfin, il devint le berceau d'une dynastie, de celle des *Bourbons*.

A l'origine, le Vendômois était un fief semblable aux autres fiefs, possédé au dixième siècle par un *Bouchard Ratepilaet* (chauve-souris). *Geoffroi Martel*, qui se fit donner l'investiture du Vendômois par Henri Ier (1033), le rattacha d'abord au comté d'Anjou. C'est à lui qu'est due la fondation de la célèbre abbaye bénédictine de la Trinité. Les Plantagenets ayant réuni l'*Anjou* à l'*Angleterre*, le Vendômois devint province frontière dans les longues guerres des Capétiens contre les rois anglais : plusieurs fois ravagé par les troupes de Philippe Auguste, il fut le théâtre de nombreux combats, entre autres de celui de *Fréteval* (1194), défavorable au roi de France. Réuni à la Couronne après la confiscation des domaines de Jean Sans-Terre (1204), il subit encore quelques hostilités lorsque *Blanche de Castille* eut à défendre son jeune fils Louis IX contre les seigneurs coalisés. La ville de *Vendôme* donna même son nom à un *accommodement*, qui eut lieu (1227) entre Blanche et les seigneurs et qui suspendit la querelle sans la terminer. La guerre de Cent-ans n'épargna point ce pays, et les *Anglais* s'emparèrent de Vendôme en 1362.

Le comté de Vendôme avait changé de suzeraineté; mais il avait toujours conservé sa maison féodale, qui avait contracté des alliances avec les plus hautes familles. Une de ces alliances acheva de décider des destinées du Vendômois en le faisant passer (1364-1372) dans les domaines de la maison de *Bourbon*. *Jean de Bourbon* devint comte de Vendôme (1372), du chef de sa femme Catherine. Leur fils, *Louis de Bourbon*, suivit le parti de son voisin de Blois, le duc d'Orléans, dans la sanglante rivalité des Armagnacs et des Bourguignons. Fait prisonnier à la bataille d'Azincourt avec Charles d'Orléans, il réussit à s'échapper d'Angleterre en 1427, après douze ans

Château de Chambord.

de captivité et vint accomplir solennellement (1429) dans la capitale de ses états un vœu qu'il avait fait « à Dieu et à la sainte Larme de Vendôme [1] ».

Le Vendômois demeure donc uni très-intimement, à partir de cette époque, à l'histoire de la maison de Bourbon. Une des princesses de cette maison, *Marie de Luxembourg*, embellit et enrichit la ville de Vendôme, où furent établies, au quinzième siècle, des manufactures de drap, de serge, de gants, et des ateliers de broderie. En même temps, l'abbaye de la Trinité, avec sa magnifique église, et l'église de Saint-Martin furent reconstruites. En 1515, François Ier, dès son avénement au trône, érigeait le comté de Vendôme en *duché-pairie* en faveur de *Charles de Bourbon*, chef de la branche cadette et qui, après la mort (1527) du trop fameux connétable de Bourbon (dernier de la branche aînée), devint l'unique chef de la maison. *Antoine de Bourbon* succéda à son père Charles, et son fils fut le plus populaire de nos rois, Henri IV.

Mais avant qu'Henri IV pût arriver au trône, les guerres de religion avaient rejeté le pays, le Vendômois et le Blésois en particulier, dans les troubles et l'anarchie. Pendant les premières années du règne de Charles IX, Blois fut pillé et saccagé à plusieurs reprises par les catholiques et les protestants. La cour s'y tenait néanmoins dans les moments de trêve, et elle était brillante, car les derniers Valois mêlaient les plaisirs à la guerre civile, la corruption aux rigueurs contre les hérétiques, et n'allaient pas tarder à faire de Blois le théâtre de leurs crimes.

Cependant les premiers *États généraux* tenus à Blois par Henri III (1576) avaient été une des assemblées les plus solennelles des trois Ordres. Si la division des partis et l'au-

---

1. Cette relique, très-vénérée dans le Vendômois, était, suivant la tradition, une des larmes versées par Jésus-Christ sur le tombeau de Lazare. Renfermée dans un morceau de cristal, elle avait été rapportée de Palestine par le comte Geoffroy Martel et donnée par lui à l'abbaye de la Trinité qui la conserva jusqu'à la Révolution. Elle est aujourd'hui, dit-on, en Italie.

Église de la Trinité, à Vendôme.

dace croissante des Ligueurs n'avaient pas permis d'en espérer la pacification du royaume, du moins les *plaintes* et *doléances* du tiers-état avaient été présentées avec tant de force qu'il fallut y faire droit : elles servirent de base au célèbre *édit de Blois* (1579), qui réglementa l'administration de la justice, les finances, la perception des aides et des tailles, enfin la police générale du royaume. Mais les *États de* 1588, réunis au moment où les passions étaient surexcitées, devaient être l'occasion d'un des drames les plus terribles de notre histoire. Le duc Henri de Guise, le vrai chef de la Ligue, le vrai maître de Paris dont il avait chassé Henri III, n'avait pas craint de venir lui-même à Blois braver le prince qu'il aspirait à remplacer, et, ivre de ses succès, fort de l'appui de ses partisans qui dominaient les États, il croyait être le maître à Blois comme il l'était déjà à Paris. Henri III, mettant à profit les leçons qu'il avait reçues de sa mère Catherine de Médicis, résolut de s'affranchir, par le plus odieux guet-apens, d'une domination devenue insupportable. Dissimulant ses projets et paraissant laisser le champ libre au duc de Guise, il prépara avec l'art le plus perfide l'attentat qu'il méditait. Le 22 décembre cependant, Guise reçoit un premier avertissement : il le méprise en disant : « On n'oserait. » Mais Henri compte sur neuf des *quarante cinq* gentilshommes qui forment sa garde et les poste dans son cabinet. Le 23 au matin, le duc de Guise arrive au conseil : à peine y est-il entré qu'on le mande de la part du roi ; il passe au milieu des quarante-cinq, puis se dirige vers le cabinet, mais il n'avait pas encore quitté la chambre du roi que les assassins se jettent sur lui et le percent de leurs poignards. Guise, en se débattant, entraîna ses meurtriers jusqu'au bout de la chambre et expira (23 décembre 1588).

Après avoir insulté le cadavre de son ennemi et fait arrêter le cardinal de Guise, qui fut tué dans sa prison, Henri III, descendit dans l'appartement de la reine mère, Catherine de Médicis, et se vanta de son crime : « C'est bien coupé, mon fils, reprit la vieille reine alors mourante, mais il faut re-

Château de Blois, sous François Ier.

coudre. » Henri III n'eut pas le temps de suivre ce dernier conseil : il périt lui-même assassiné à Saint-Cloud, par un moine fanatique, Jacques Clément (2 août 1589).

Il était réservé au chef de la maison de Bourbon, possesseur du comté de Vendôme, Henri de Navarre, de remplacer la famille des Valois et de pacifier le pays. Il lui fallut cependant lutter dans ses propres domaines contre les Ligueurs et reprendre, les armes à la main, Vendôme, dont s'était emparé le duc de Mayenne. Henri IV n'entra à Blois qu'en 1592 et reporta sur les bords de la Seine le centre de la politique. Il abandonna même le *duché de Vendôme* à son fils naturel, *César*, qui fonda une nouvelle maison princière, maison dont sortit un de nos plus célèbres généraux sous le règne de Louis XIV, le duc de Vendôme, le vainqueur de Villaviciosa.

Les villes des bords de la Loire, délaissées, retombent, au dix-septième siècle, dans le calme et l'obscurité. Cependant le château de Blois reçoit encore d'illustres hôtes, entre autres *Marie de Médicis*, qui y fut reléguée en 1617 après le meurtre du maréchal d'Ancre, mais qui s'en échappa par une audacieuse évasion en 1619, pour recommencer la guerre civile. Gaston d'Orléans, frère de Louis XIII, s'y retira et ourdit de là de nombreuses intrigues contre le cardinal de Richelieu, dont l ne pouvait souffrir, comme sa mère, la domination absolue.

Pendant la Fronde, Louis XIV et la régente restèrent quelque temps à Blois sous la protection d'une armée que commandaient Turenne et d'Hocquincourt.

Mais la révocation de l'Édit de Nantes en 1685 vint ruiner en partie l'industrie de Blois, et surtout celle de *Romorantin*, où les protestants avaient développé la fabrication des draps. Louis XIV, pour détruire plus complétement les débris de l'hérésie, fit ériger Blois en *évêché* en 1697, malgré la vive opposition de l'évêque de Chartres, auquel le Vendômois était enlevé.

La Révolution de 1789, tout en modifiant profondément le pays, n'altéra en rien la douceur des Blésois et, si la ville de Blois eut, comme les autres villes, son temple de la *Raison*, ses emprisonnements de *suspects*, elle ne fut toutefois souillée d'aucune cruauté. Mais bien des monuments furent ou détruits ou dévastés, et l'art fit, dans Loir-et-Cher, comme ailleurs, des pertes bien regrettables. Sous le Directoire, en 1796, Vendôme fut le siège d'une haute cour instituée tout exprès pour juger les auteurs d'une conspiration communiste tramée à Paris. De quarante-sept accusés, deux seulement, Babœuf et Darthé, furent condamnés à mort. Tous deux se frappèrent d'un poignard à l'audience et furent, le lendemain, portés sanglants à l'échafaud.

La ville de Blois qui avait assisté, en quelque sorte, à l'agonie des Valois, devait assister aussi à la chute d'une autre dynastie. Le 2 avril 1814, quatre jours avant l'abdication de Napoléon, l'impératrice *Marie-Louise*, le roi de Rome, Joseph et Jérôme Bonaparte, les ministres et les dignitaires de la cour impériale arrivèrent à Blois afin d'y organiser une régence. Mais au bout de quelques jours cette régence fut dissoute et un envoyé des souverains alliés vint chercher Marie-Louise, qui n'avait point voulu se retirer au delà de la Loire. Marie-Louise et le roi de Rome partirent pour l'Autriche, tandis que Napoléon s'acheminait vers l'île d'Elbe.

En 1815, le licenciement de l'armée de la Loire s'accomplit à Blois. En 1871, le département de Loir-et-Cher vit une autre armée de la Loire s'épuiser dans une lutte inégale contre une autre invasion non moins redoutable que celles de 1814 et de 1815. Après la deuxième entrée des Prussiens à Orléans, le général Chanzy, commandant une partie de l'armée de la Loire qui venait d'être rompue, continua sa retraite choisissant de bonnes positions, arrêtant la marche de l'ennemi et se repliant toujours à temps, soigneux de ses soldats dont il sut obtenir des prodiges, s'éclairant avec prudence, ne se laissant point surprendre et usant l'ennemi, qu'étonnait cette résistance nouvelle. Chanzy s'appuya d'abord sur la forêt de *Marchenoir*; le 7, le 8, le 9, le 10 décembre, pendant quatre jours, il combattit sans se lasser, infligeant des pertes sérieuses à l'ennemi et prenant quelquefois l'offensive. Ce furent les combats de

Josnes et de *Villarceau*. Mais les Prussiens, maîtres de la rive gauche de la Loire, mettaient en grand péril Chanzy et son armée ; ils pénétrèrent à Meung, à Beaugency ; ils cherchèrent à tourner l'armée en occupant Mer et *Blois*, où ils entrèrent le 13 décembre 1870. Chanzy ne cherchait point à opérer sa retraite de ce côté ; il tenait à demeurer sur la rive droite, à proximité d'Orléans et de Paris. Il se dérobe habilement et, pivotant sur sa gauche, replie sa droite qui jusqu'alors s'était appuyée à la Loire, et va prendre de bonnes positions sur la ligne du Loir. Le 13 décembre, après des marches difficiles, par des mauvais temps et des chemins défoncés, il arrive à *Vendôme* sans que les Prussiens, qui tout d'abord n'avaient pas compris son mouvement, aient cherché à l'inquiéter. Ils se mettent pourtant à sa poursuite et le 15 la lutte recommence autour de Vendôme. Malgré des succès remportés à *Fréteval* et sur le plateau de Sainte-Anne, la perte de plusieurs positions rendit difficile la défense de Vendôme. Le 16, voyant ses troupes harassées, Chanzy se replie à temps, évacue Vendôme et se retire sur une autre ligne de défense, celle de la Sarthe. Le département de Loir-et-Cher avait donc été témoin des derniers combats de notre armée de la Loire dont les efforts étaient dignes d'être couronnés d'un meilleur succès, mais qui devaient être rendus stériles par le désastre du Mans, la capitulation de Paris et les malheurs épouvantables de l'armée de l'Est.

VII. — Personnages célèbres

Douzième siècle. — PIERRE DE BLOIS, théologien, historien et homme d'état (1130-1203).

Treizième siècle. — MATHIEU DE VENDÔME, poëte latin.

Quinzième siècle. — GEORGES, cardinal d'Amboise (1460-1510), premier ministre de Louis XII. — LOUIS D'ORLÉANS (1462-1515), roi de France sous le nom de Louis XII, le père du peuple.

Seizième siècle. — Le fameux TRIBOULET, fou des rois Louis XII et François Ier, célèbre par ses plaisanteries. — CLAUDE DE FRANCE (1499-1524), fille de Louis XII et d'Anne de Bretagne, épouse de François Ier. — PIERRE DE RONSARD (1524-1585), un des réformateurs de la poésie et de la langue françaises. — PHILIPPE HURAULT, comte de Cheverny, chancelier d'Henri III et d'Henri IV. — JEAN MORIN (1591-1659), théologien et hébraïsant, né à Blois. — Paul PHÉLYPEAUX, seigneur de PONTCHARTRAIN (1569-1621), secrétaire d'État sous la régence de Marie de Médicis, père d'une famille illustre qui donna à la France onze ministres et un chancelier.

Dix-septième siècle. — DENIS PAPIN, mathématicien et physicien, inventeur de la machine à vapeur, auquel la ville de Blois doit élever une statue. Né à Blois en 1647, il mourut en 1714 à Marbourg, où il s'était retiré après la révocation de l'édit de Nantes.

Dix-huitième siècle. — DONATIEN DE VIMEUR (JEAN-BAPTISTE), comte DE ROCHAMBEAU (1725-1807), s'illustra par la part qu'il prit à la guerre de l'indépendance américaine. — DE VIMEUR (D.-M.-J), vicomte DE ROCHAMBEAU (1750-1813), fils du précédent, commanda l'expédition de Saint-Domingue après le général Leclerc.

Dix-neuvième siècle. — PARDESSUS (JEAN-MARIE), célèbre jurisconsulte et historien (1772-1853). — AUGUSTIN THIERRY (1795-1856), historien, le célèbre auteur des *Lettres sur l'histoire de France*, de l'*Histoire de la conquête de l'Angleterre par les Normands*. — AMÉDÉE THIERRY, frère du précédent, historien, auteur de l'*Histoire des Gaulois*, etc., né en 1797, mort en 1873.

VIII. — Population, langue, culte, instruction publique.

La *population* du département de Loir-et-Cher s'élève, d'après le recensement de 1876, à 272,634 habitants (135,247 du sexe masculin, 137,387 du sexe féminin). A ce point de vue, c'est le 72e département. Le chiffre des habitants divisé par celui des hectares donne environ 43 habitants par 100 hectares ou par kilomètre carré; c'est ce qu'on nomme la *population spécifique*. La France entière ayant 69 à 70 habitants par kilomètre carré, Loir-et-Cher renferme, à surface égale, 26 à 27 habitants de moins que l'ensemble de notre pays.

Depuis 1801, date du premier recensement officiel, le département de Loir-et-Cher a gagné 55,721 habitants.

Les habitants de Loir-et-Cher n'ont pas de patois qui rappelle une ancienne nationalité; ils parlent tous le français, et, en général, s'expriment assez correctement et sans aucun accent particulier.

Presque tous les habitants de Loir-et-Cher sont catholiques. Sur les 268,801 habitants de 1872, on ne comptait que 1019 protestants et 38 israélites.

Le nombre des *naissances* a été en 1875 de 6,598 (plus 299 mort-nés); celui des *décès*, de 6,346; celui des *mariages*, de 2,551.

La *vie moyenne* est de 52 ans 8 mois.

Le *lycée* de Vendôme a compté, en 1877, 210 élèves; les *colléges communaux* de Blois et de Romorantin, 300; 5 *institutions secondaires libres* (en 1876), 467; 492 *écoles primaires* (en 1876), 55,096; 21 *salles d'asile* (en 1876), 2,349.

Le recensement de 1872 a donné les résultats suivants :

Ne sachant ni lire ni écrire.	117,081
Sachant lire seulement.	15,975
Sachant lire et écrire	132,526
Dont on n'a pu vérifier l'instruction	3,219
Total de la population civile.	268,801

Sur 45 accusés de crimes en 1875, on a compté :

Accusés ne sachant ni lire ni écrire	19
— sachant lire ou écrire imparfaitement.	19
— sachant bien lire et bien écrire.	4
— ayant reçu une instruction supérieure.	3

IX. — Divisions administratives.

Le département de Loir-et-Cher forme le diocèse de Blois (suffragant de Paris), — la 7e subdivision de la 10e division militaire (Tours) du 5e corps d'armée (Orléans). — Il ressortit à la cour d'appel d'Orléans, — à l'Académie de Paris, — à la 6e légion de gendarmerie (Orléans), — à la 15e inspection des ponts et chaussées, — à la 15e conservation des forêts (Tours), — à l'arrondissement minéralogique de Nantes (division du Centre), — à la 5e région agricole (Centre). — Il comprend 3 arrondissements (Blois, Romorantin, Vendôme), 24 cantons, 297 communes.

Chef-lieu du département : BLOIS.

Chefs-lieux d'arrondissement : BLOIS, ROMORANTIN, VENDÔME.

Arrondissement de Blois (10 cant.; 139 com.; 253,224 hect.; 138,283 h.).

Canton de Saint-Aignan (15 com.; 32,717 hect.; 17,669 h.). — Aignan (Saint-) — Châteauvieux — Châtillon — Chémery — Choussy — Couddes — Couffy — Mareuil — Mehers — Meusnes — Noyers — Pouillé — Romain (Saint-) — Seigy — Thésée.

Canton de Blois (Est) (8 com.; 13,174 hect.; 15,854 h.). — Blois (Section Est de) — Chaussée-Saint-Victor (La) — Claude-de-Diray (Saint-) — Denis-lès-Blois (Saint-) — Montlivaut — Villebarou — Villerbon — Vineuil-sur-Cosson.

Canton de Blois (Ouest) (9 com.; 9,914 hect.; 16,354 h.). — Blois (Section Ouest de) — Bohaire (Saint-) — Cellettes — Chailles — Fossé — Gervais (Saint-) — Lubin-en-Vergonnois (Saint-) — Marolles — Sulpice-de-Pommeray (Saint-).

Canton de Bracieux (14 com.; 34,667 hect.; 11,603 h.). — Bauzy — Bracieux — Chambord — Crouy — Dyé-sur-Loire (Saint-) — Fontaine-en-Sologne. — Huisseau-sur-Cosson — Laurent-des-Eaux (Saint-) — Maslives — Mont — Muides — Neuvy-en-Beauce — Nouan-sur-Loire — Tour-en-Sologne.

Canton de Contres (17 com.; 28,322 hect.; 14,874 h.). — Candé — Cheverny — Chitenay — Contres — Cormeray — Cour-Cheverny — Feings — Fougères — Fresnes — Monthou-sur-Bièvre — Montils (Les) — Oisly — Ouchamps — Sambin — Sassay — Seur — Valaire.

Canton d'Herbault (21 com.; 37,264 hect.; 13,782 h.). — Averdon — Chambon — Champigny — Chapelle-Vendômoise (La) — Cheuzy — Coulanges — Cyr-du-Gault (Saint-) — Étienne-des-Guérets (Saint-) — Françay — Herbault — Lancosne — Landes — Mesland — Monteaux — Onzain — Orchaix — Santenay — Secondin (Saint-) — Seillac — Veuves — Villefrancœur.

Canton de Marchenoir (18 com.; 26,714 hect.; 10,468 h.). — Autainville — Beauvilliers — Boisseau — Briou — Conan — Concriers — Josnes — Laurent-des-Bois (Saint-) — Léonard (Saint-) — Lorges — Madeleine-Villefrouin (La) — Marchenoir — Oucques — Plessis-l'Échelle (Le) — Roche — Séris — Talcy — Villeneuve-Frouville.

Canton de Mer (11 com.; 18,649 hect.; 11,504 h.). — Avaray — Chapelle-Saint-Martin (La) — Cour-sur-Loire — Courbouzon — Lestiou — Maves — Ménars-le-Château — Mer — Mulsans — Suèvres — Villexanton.

Canton de Montrichard (13 com.; 24,757 hect.; 17,241 h.). — Angé — Bourré — Chaumont-sur-Loire — Chissay — Faverolles — Georges (Saint-) — Julien-de-Chédon (Saint-) — Monthou-sur-Cher — Montrichard — Pontlevoy — Rilly — Tenay — Vallières-les-Grandes.

Canton d'Ouzouer-le-Marché (14 com.; 27,066 hect.; 8,934 h.). — Binas — Bosse (La) — Colombe (La) — Ecoman — Membrolles — Moisy — Ouzouer-le-Doyen — Ouzouer-le-Marché — Prénouvellon — Semerville — Tripleville — Verdes — Viévy-le-Rayé — Villermain.

Arrondissement de Romorantin (6 cant.; 49 com.; 210,174 hect.; 57,416 h.).

Canton de Mennetou-sur-Cher (8 com.; 18,533 hect.; 6,541 h.). — Chapelle-Montmartin (La) — Châtres — Julien-sur-Cher (Saint-) — Langon - Loup (Saint-) — Maray — Mennetou-sur-Cher — Villefranche.

Canton de la Motte-Beuvron (7 com.; 39,551 hect.; 8,533 h.). — Chaon — Chaumont-sur-Tharonne — Motte-Beuvron (La) — Nouan-le-Fuzelier — Souvigny — Vouzon — Yvoy-le-Marron.

Canton de Neung-sur-Beuvron (8 com.; 28,996 hect.; 5,953 h.). — Dhuison — Ferté-Beauharnais (La) — Ferté-Saint-Cyr (La) — Marolle (La) — Montrieux — Neung-sur-Beuvron — Thoury — Villeny.

Canton de Romorantin (9 com.; 33,862 hect.; 14,994 h.). — Courmemin — Lanthenay — Loreux — Millançay — Pruniers — Romorantin — Veilleins — Vernou — Villeherviers.

Canton de Salbris (9 com.; 65,218 hect.; 10,982 h.). — Ferté-Imbault (La) — Marcilly-en-Gault — Orçay — Pierrefitte — Salbris — Selles-Saint-Denis — Souesmes — Theillay — Viâtre (Saint-).

Canton de Selles-sur-Cher (8 com.; 24,214 hect.; 10,415 h.). — Billy — Gièvres — Gy — Lassay — Mur-en-Sologne — Rougeou — Selles-sur-Cher — Soings.

Arrondissement de Vendôme (8 cant.; 109 com.; 171,694 hect.; 76,935 h.).

Canton de Saint-Amand (14 com.; 21,762 hect.; 6,603 h.). — Amand (Saint-) — Ambloy — Authon — Crucheray — Gombergean — Gourgon (Saint-) — Huisseau-en-Beauce — Lancé — Longpré — Nourray — Prunay — Sasnières — Villechauve — Villeporcher.

Canton de Droué (12 com.; 22,616 hect.; 7,514 h.). — Bouffry — Boursay — Chapelle-Vicomtesse (La) — Chauvigny — Droué — Fontaine-Raoul — Fontenelle (La) — Gault (Le) — Poislay (Le) — Romilly — Ruan — Villebout.

Canton de Mondoubleau (14 com.; 24,787 hect.; 10,155 h.). — Agil (Saint-) — Arville — Avit (Saint-) — Baillou — Beauchêne — Choue — Cormenon — Marc-du-Cor (Saint-) — Mondoubleau — Oigny — Plessis-Dorin (Le) — Sargé — Souday — Temple (Le).

Canton de Montoire (19 com.; 25,225 hect.; 12,187 h.). — Arnoult (Saint-) — Artins — Couture — Essarts (Les) — Hayes (Les) — Houssay — Jacques-des-Guérets (Saint-) — Lavardin — Martin-des-Bois (Saint-) — Montoire — Montrouveau — Quentin (Saint-) — Rimay (Saint-) — Roches (Les) — Ternay — Tréhet — Troô — Villavard — Villedieu-en-Beauce.

Canton de Morée (13 com.; 20,737 hect.; 10,320 h.). — Brévainville — Busloup — Danzé — Firmin (Saint-) — Fréteval — Hilaire (Saint-) — Jean-Froidmantel (Saint-) — Lignières — Lisle — Morée — Pezou — Rahard — Ville-aux-Clercs (La).

Canton de Savigny (8 com.; 19,776 hect.; 8,515 h.). — Bonneveau — Cellé — Epuisay — Fontaine-en-Beauce — Fortan — Lunay — Savigny — Sougé.

Canton de Selommes (16 com.; 17,555 hect.; 5,538 h.). — Baigneaux — Chapelle-Enchérie (La) — Coulommiers — Epiais — Faye — Gemmes (Sainte-) — Périgny — Pray — Renay — Rhodon — Rocé — Selommes — Tourailles — Villemardy — Villeromain — Villetrun.

Canton de Vendôme (13 com.; 21,458 hect.; 16,705 h.). — Anne (Sainte-) — Areines — Azé — Marcilly-en-Beauce — Mazangé — Meslay — Naveil — Ouen (St-) — Thoré — Vendôme — Villerable — Villiers — Villiers-Faux.

X. — Agriculture.

Sur les 635,092 hectares du département, on compte en nombre ronds :

Terres labourables.	332,000 hectares.
Prés.	19,000
Vignes.	19,000
Bois.	96,000
Landes.	91,000

Le reste du territoire se partage entre les pâturages, les étang les emplacements de villes, de bourgs, de villages, de fermes, les sur faces prises par les routes, les chemins de fer, les cimetières, etc.

En nombres ronds, on compte dans le département 32,000 chevaux, 5,500 ânes, 400 mulets, plus de 80,000 bœufs, 285,000 moutons, 44,000 porcs, 23,000 chèvres et près de 25,000 chiens. L'élevage des chevaux, dont l'emploi pour les travaux agricoles est presque général, comprend deux espèces : les *Percherons*, excellents chevaux de trait formés dans le Vendômois, et les *Solognots*, laids et petits, mais bons au service. Les moutons de Sologne sont recherchés, grâce au croisement des races indigènes avec les races espagnoles. Marchenoir possède deux troupeaux de mérinos. Plusieurs localités beauceronnes ont des bergeries, et d'importantes fermes-modèle sont été établies dans la commune de Mouzon. En Sologne, l'élève des abeilles constitue une véritable industrie; on compte dans le département plus de 20,000 ruches (85,000 kilogrammes de miel par an).

Le Loir-et-Cher comprend, en partie, une des régions les plus fertiles de la France, la Beauce, et aussi une des moins productives, la Sologne. Depuis quelques années, ce dernier pays est entré dans une voie de complète transformation. Son étendue comprend environ 500,000 hectares, répartis aussi dans les départements voisins du Cher et du Loiret. Sa population ne s'élève pas à 100,000 habitants (moins de 20 habitants par kilomètre carré); et pourtant l'on y rencontre partout des vestiges attestant que dans le passé, la Sologne a possédé une prospérité forestière et agricole que les fléaux du moyen âge, la misère et l'incurie des derniers siècles ont fait disparaître. De généreux efforts sont tentés pour la faire renaître.

Depuis un demi-siècle, les propriétaires de la Sologne, comprenant qu'ils ne doivent attendre que d'un reboisement presque général l'amélioration du sol, la salubrité de l'air et un produit rémunérateur, ont consacré une étendue considérable de leurs terres à des semis de pin maritime, tantôt seul, tantot associé au chêne et au bouleau. Dans quelques années, les trois cinquièmes de la Sologne seront couverts de bois. Il restera encore 200,000 hectares de terrains, faciles à assainir et à irriguer, que le drainage et la charrue, aidés de la marne ou de la chaux, peuvent rendre à une culture productive. C'est en vue de l'amélioration agricole de cette vaste surface qu'on a songé à l'ouverture de canaux destinés à porter au centre de la Sologne les amendements calcaires ; et aussi en vue de faire arriver jusqu'aux grandes artères de communication la masse de produits offerte par les jeunes forêts. Outre le canal de la Sauldre (*V.* p. 15), on construit une autre voie navigable, le canal de la Sologne, qui reliera avec le Cher la jonction du canal de Briare et du canal latéral à la Loire (*V.* p. 15). Déjà la Sologne, qui ne produisait naguère que du blé noir et des pommes de terre, donne aujourd'hui du blé, du seigle, de l'orge et de l'avoine en abondance.

Du reste, les autres parties de Loir-et-Cher sont fertiles. On récolte de très-beau *chanvre* dans le département, qui possède aussi d'excellents pâturages, des prairies naturelles. le long des cours d'eau, et des prairies artificielles, sur les terrains élevés.

La culture de la *vigne* est la plus importante après celle des *céréales*. Parmi les principaux crus il faut citer la côte des Grouëts, près de Blois, les vins rouges du clos de la Voûte (commune de Pouillé) et ceux de la côte du Cher : Thésée, Bourré, Vineuil, Chissay, Monthou et Saint-Georges. Les vins de la côte du Cher, pourvus d'un certain mordant qui les fait rechercher pour remonter les vins faibles et rétablir les vins trop vieux, constituent de bons ordinaires. Les environs de Romorantin commencent à se couvrir de vignobles.

En 1875, le département a récolté 849,570 hectolitres de froment, 182,035 de méteil, 385,661 de seigle, 112,983 d'orge, 99,898 de sarrasin, 959,693 d'avoine, 907,725 de pommes de terre, 6,416 de légumes secs, 47,173 quintaux de betteraves, 2,620 de chanvre, 260 hectolitres de colza et 1,521,264 hectolitres de vin.

Les *bois* sont très-communs : dans la Beauce on remarque la vaste forêt de Marchenoir; la ville de Blois est environnée des trois forêts : de Blois (2,715 hectares), comprise entre la Loire et la Cisse, de Boulogne (3,968 hectares), dépendant du château de Chambord, et de Russy (3,207 hectares). Ces trois dernières forêts, auxquelles il faut ajouter celle de Bruadan, au nord-est de Romorantin, rapportent environ 800,000 francs. Le chêne, le charme et le châtaignier y sont les essences dominantes.

Les arbres fruitiers, très-rares, inconnus pour ainsi dire en Beauce et en Sologne, se rencontrent en grand nombre sur les bords de la Loire, du Cher et du Loir; des pépinières se trouvent dans les communes d'Areines, Chouzy, Saint-Gervais, Ménars-le-Château et Sougé. Les plantes médicinales des environs de Montoire sont estimées.

XI. — Industrie.

Le sous-sol du département est peu riche en produits minéraux : le silex pyromaque, ou pierre à fusil, et la pierre à bâtir y sont seuls l'objet d'une exploitation importante. Toutefois, l'exploitation de la **pierre à fusil** était beaucoup plus considérable jadis, avant l'invention des amorces à percussion, des batteries à piston et des allumettes chimiques. Aujourd'hui, on ne se sert guère du silex pyromaque que pour l'empierrement des chemins, si ce n'est dans quelques communes industrielles où on l'emploie à la fabrication du verre. Ces pierres sont de couleur blonde, rouge ou jaune. Les principales carrières sont celles de Chamberlin, Saint-Aignan, Couffy, Meusnes et

Noyers; elles se prolongent dans le département de l'Indre et fournissaient la France entière et même l'Europe de pierres à fusils.

Danzé, la Fontenelle, Mondoubleau, Oucques, Santenay, Viévy-le-Rayé, possèdent des gîtes de *fer*. — La *tourbe* est généralement assez abondante dans la Sologne. — La *marne*, la *pierre à chaux*, l'*argile* à briques et à poteries et la pierre à bâtir se rencontrent à peu près partout. Saint-Arnoult, Saint-Aignan, Bourré, dont les immenses *carrières* ont servi à bâtir les villes de Blois, de Tours, de Bléré, de Montrichard, et les châteaux de Chenonceaux, Chambord, Bury, Celle-sur-Braye, exploitent, ainsi que Lunay, Mer, Pontlevoy, Saint-Arnoult, des gisements très-productifs; les carrières de Villiers fournissent une pierre dure excellente. — Aux Essarts, à Tréhet et aux environs de Troô, l'on trouve une espèce d'*albâtre*, qui n'est pas utilisé. — Enfin la commune de Pontlevoy et plusieurs autres possèdent sur leur territoire des bancs considérables de *coquilles marines*.

Deux localités seulement ont des *sources minérales*, qu'elles n'utilisent pas : Saint-Denis (près de Blois) et Saint-Mandé, hameau de la commune de Viévy-le-Rayé, dont les eaux, autrefois fort célèbres pour leur vertus curatives, ne sont plus employées aujourd'hui. Les eaux de Saint-Denis, très-fréquentées jadis, lorsque la cour de France résidait au château de Blois, sont appelées aussi *Fontaine Médicis*, parce que la reine Marie de Médicis les orna d'un bassin à ses frais. Ces eaux sont froides, limpides, ferrugineuses, iodurées, légèrement sulfureuses au point d'émergence, d'une digestion facile et très-diurétiques. Elles ont de grandes analogies avec les eaux de Forges, de Bussang et de Spa. Il y a trois sources : les sources Médicis, Henri IV, et la source Reneaulme, la plus forte.

L'industrie manufacturière est généralement languissante dans le département. Les seules usines métallurgiques (1550 quintaux de fer en 1875) sont les *fonderies* de fonte (deuxième fusion) de Contres, Fréteval et Vendôme, et les *forges* de Salbris. Blois a des fabriques de pompes et de machines agricoles; Vendôme, une fabrique de chaînes en cuivre.

Les draps, cotonnades, étoffes de laine, molleton, coton, se fabriquent à Saint-Dyé-sur-Loire, Fougères, Lanthenay, Villeherviers (ces trois communes ont des filatures de laine), Pruniers, Sargé, Savigny-sur-Braye, et principalement à Romorantin, qui, avec ses importantes manufactures de draps (1200 ouvriers environ), ses belles filatures, ses parcheminories, ses tanneries, ses fabriques de cardes et de rubans, est le principal centre manufacturier du département.

Les établissements industriels les plus importants de Loir-et-Cher sont ensuite : les *vinaigreries* de Blois, Cheverny, Contres, Menars,

Saint-Claude et Saint-Dyé-sur-Loire, dont les produits sont d'une qualité supérieure ; les *verreries* de Rougemont (commune de Saint-Jean-Froidmantel) et de Montmirail, hameau du Plessis-Dorin, dont les instruments de physique et de chimie sont estimés ; les *papeteries* de Courcelles-Fréteval et de Vendôme ; d'importantes fabriques de chocolat (ainsi qu'à Bracieux) et de chaussures à Blois ; les *féculeries* de Saint-Dyé-sur-Loire, Préval, Selles-Saint-Denis, etc.; les *tanneries, corroieries* ou *mégisseries* de Blois, Cormenon, Mer, Mondoubleau, Montoire, Montrichard, Vendôme, dont la broderie, jadis célèbre, est tombée en décadence ; les *scieries* de Blois et Bracieux, et de nombreuses *distilleries*, particulièrement dans la partie vinicole de la Sologne, où l'on brûle presque tous les vins.

Vendôme confectionne une assez grande quantité de gants, surtout pour l'armée ; Blois, des tapisseries ; Montrichard a d'importantes carrosseries ; Mondoubleau et Oucques, des fabriques de toiles ; Mer et Oucques, des corderies. Quelques localités, Blois, Saint-Aignan, Saint-Avit, Contres et Vouzon entre autres, ont des fabriques de faïence, poterie ou tuyaux de drainage. Celle-sur-Braye, Huisseau-sur-Cosson, Lunay, Mer, Millançay, Montrichard, Sargé, Villefranche, Vouzon exploitent pour leurs fours de la pierre à chaux.

Un genre d'industrie spécial, commun à presque tous les habitants de la Sologne, c'est l'*apiculture* ou éducation des abeilles, l'un des produits les plus avantageux de la contrée et dont le centre le plus important est la commune de Nouan-le-Fuzelier, où cette industrie est pratiquée sur une vaste échelle. Tout cultivateur a au moins 5 ou 6 ruches, et quelques propriétaires en tiennent jusqu'à 100 en leur possession. La fabrication du miel est facilitée par d'immenses champs de sarrasin et de bruyère, qui alimentent, en outre, 1,500 à 2,000 ruches déposées chaque année, quand les champs sont en fleurs, sur le territoire, moyennant un droit fixe de 50 centimes par ruche, par des éleveurs des départements voisins.

Enfin nous citerons : des fabriques de vitraux d'église, de pianos et de voitures à Vendôme ; des imprimeries (à Vendôme), des fabriques de billards, de meules de moulins, de meubles, de tapioca, de réglisse, à Blois ; des fabriques de tarares, à Oucques et à Fontaine-Raoul ; des brasseries, à Blois et à Vendôme ; des huileries, aux Montils, à Saint-Aignan, Montoire, Montrichard et aux Roches ; des minoteries à Billy et Chouzy, et de nombreux moulins dont les plus importants sont ceux de Vineuil (5 paires de meules), Huisseau-sur-Cosson, Mer, Maves, Villexanton, etc. Enfin le département possède en assez grand nombre des fabriques de sabots dont les produits s'écoulent dans les villages solognots.

XII. — Commerce, chemins de fer, routes.

Le commerce consiste dans l'exportation des eaux-de-vie dites d'Orléans; des vins connus sous le nom de vins du Cher; du merrain ou bois de châtaignier, fourni par la Sologne; des pierres à fusils; des vinaigres; des draps pour l'habillement des troupes et étoffes de laine sortant des fabriques de Romorantin; des laines, des cuirs de Saint-Aignan. L'industrie commerciale est en outre alimentée par les légumes et les asperges de Vendôme et de Romorantin, la cire, les bestiaux, les sangsues grises de la Sologne, et surtout par les céréales de la Beauce, dont l'exportation est considérable.

Le département importe annuellement environ 80,000 quintaux métriques de houille, provenant des bassins houillers de la Loire, de Decize (Nièvre), du Creuzot et Blanzy (Saône-et-Loire) et de Belgique.

Le département de Loir-et-Cher est traversé par cinq chemins de fer, d'un développement total de 314 kilomètres.

1° Le chemin de fer *de Paris à Tours par Vendôme* passe du département d'Eure-et-Loir dans celui de Loir-et-Cher à 148 kilomètres de Paris; il en ressort un peu avant la station de Châteaurenault (Indre-et-Loire), après un parcours de 55 kilomètres pendant lesquels il dessert les gares et stations suivantes : Morée-Saint-Hilaire, Fréteval, Pezou, Vendôme, Saint-Amand et Villechauve.

2° Le chemin de fer *d'Orléans à Tours* commence dans Loir-et-Cher à 4 kilomètres environ au delà de la gare de Beaugency (Loiret); il en sort à quelques kilomètres après la station d'Onzain, pour entrer dans Indre-et-Loire, après un parcours de 49 kilomètres, pendant lesquels il dessert Mer, Suèvres, Ménars, Blois, Chouzy, Onzain et Veuves.

3° La ligne *d'Orléans à Vierzon* entre dans le département entre la station de la Ferté-Saint-Aubin (Loiret) et celle de la Motte-Beuvron, et en sort au delà de Theillay, pour entrer dans le département du Cher, après un parcours de 44 kilomètres, pendant lesquels il dessert la Motte-Beuvron, Nouan-le-Fuzelier, Salbris et Theillay.

4° Le chemin de fer *de Tours à Vierzon*, qui suit la vallée du Cher, passe du département d'Indre-et-Loire dans celui de Loir-et-Cher entre la station de Chenonceaux et celle de Montrichard; il en sort après la gare de Mennetou, pour entrer dans le Cher. Sur son parcours de 65 kilomètres, il dessert Montrichard, Bourré, Thésée

Saint-Aignan, Selles-sur-Cher, Chabris-Gièvres, Villefranche-sur-Cher et Mennetou-sur-Cher.

5° L'embranchement *de Villefranche-sur-Cher à Romorantin* a 8 kilomètres de développement.

Les voies de communication comptent 6110 kilomètres, savoir :

5 chemins de fer.		314 kil.
6 routes nationales.		305 1/2
16 routes départementales.		555
1365 chemins vicinaux { 26 de grande communication.	651	4,640
83 de moyenne communication.	1,599	
1270 de petite communication.	2,390	
2 rivières navigables.		105 1/2
2 canaux.		191

XIII. — Dictionnaire des communes.

Agil (Saint-), 613 h., c. de Mondoubleau. ⟶ Château; beau donjon de la Renaissance (1510).

Aignan (Saint-), 3,349 h., ch.-l. de c. de l'arrond. de Blois, sur la rive g. du Cher. ⟶ *Église* (mon. hist.), admirable spécimen du style roman ; porche surmonté d'une salle ; grande nef à nervures ; rond-point sur crypte ; chapelle du xv° s. avec belles peintures de cette époque. — Un escalier de 144 marches conduit de l'église au *château*, splendide construction de la Renaissance et du xvii° s., embellie et complétée de nos jours ; nombreux objets d'art ; portraits curieux ; collection de lettres autographes ; sarcophage grec en marbre de Paros, avec bas-reliefs mythologiques. Restes du château primitif : tours ruinées des xiii° et xv° s. ; imposant donjon moderne, imité du xv° s., bâti sur l'emplacement du donjon féodal, tombé de lui-même vers 1825. — Maison du xiv° s.

Amand (Saint-), 754 h., ch.-l. de c. de l'arrond. de Vendôme.

Ambloy, 288 h., c. de Saint-Amand.

Angé, 851 h., c. de Montrichard.

Anne (Sainte-), 146 h., c. de Vendôme.

Areines, 180 h., c. de Vendôme. ⟶ Ruines (mon. hist.) d'un théâtre romain.

Arnoult (Saint-), 444 h., c. de Montoire.

Artins, 471 h., c. de Montoire. ⟶ Débris d'un édifice antique (temple ?), sur lesquels a été bâtie l'église, au xv° s. — Restes d'une commanderie de Templiers (fresques intéressantes).

Arville, 514 h., c. de Mondoubleau. ⟶ Restes d'un prieuré muni de tours (xii° s.). — Église de la fin du xii° s.

Autainville, 907 h., c. de Marchenoir.

Authon, 1,023 h., c. de Saint-Amand.

Avaray, 825 h., c. de Mer.

Averdon, 619 h., c. d'Herbault.

Avit (Saint-), 434 h., c. de Mondoubleau.

Azay ou **Azé**, 980 h., c. de Vendôme.

Baigneaux, 156 h., c. de Selommes.

Baillou, 605 h., c. de Mondoubleau.

Bauzy, 357 h., c. de Bracieux.

Beauchêne, 349 h., c. de Mondoubleau.

Beauvilliers, 186 h., c. de Marchenoir.

Billy, 1,050 h., c. de Selles.

Binas, 1,235 h., c. d'Ouzouer.

Blois, V. de 20,515 h., bâtie en am-

Château de Saint-Agil.

phithéâtre sur un coteau dominant la rive dr. de la Loire, ch.-l. du département et de 2 cantons, siége d'un évêché. — Célèbre *château royal* (mon. hist.), une des plus belles œuvres de la Renaissance, bien que resté inachevé, construit principalement par Louis XII et par François Ier, qui ont donné chacun leur nom à l'une des deux ailes principales. — La *galerie de Louis XII*, restaurée de 1855 à 1870, présente dans sa façade extérieure, terminée en 1501, un agréable mélange de briques et de pierre ; la porte est surmontée d'une belle niche qui contient une statue équestre de Louis XII. On remarque

Saint-Aignan.

aussi les étranges postures des figurines sculptées en cul-de-lampe sous les impostes des fenêtres. Un passage voûté donne accès sur une longue *galerie* de colonnes, alternativement rondes et quadrangulaires. Cette galerie, ornée autrefois, assure-t-on, d'une danse macabre, peinte à fresque, aboutit à deux *escaliers* dont le plus grand attire surtout l'attention des connaisseurs.

A dr., dans la cour, entre le bâtiment de Louis XII et le palais de François Ier, est la salle des États. En face s'élève l'aile construite par Gaston, et à g. la *chapelle de Saint-Calais*, restaurée aujourd'hui, et qui appartient aux constructions de Louis XII.

La *salle des États*, longue de 30 mèt. sur 22 de larg. et 18 de haut., s'appuie d'un côté sur le mur d'enceinte. Une rangée de huit belles colonnes du XIIIe s., surmontées d'un mur qui, percé de six arcades en ogives, sert de point d'appui à tout le système de la charpente, la divise en deux nefs. La charpente remonte en partie au XIIIe s.; mais la porte et les baies carrées des fenêtres ont été refaites au XVe. On remarque la magnifique cheminée, des peintures anciennes fort riches, imitant des draperies. La voûte fleurdelisée est également fort belle.

L'*aile de François Ier* fut terminée vers 1525. Ce chef-d'œuvre a été admirablement restauré par M. Duban. L'escalier est sans contredit un des plus merveilleux spécimens de la Renaissance.

L'intérieur de l'aile de François Ier a été restauré avec autant de magnificence et de succès que les deux façades extérieures. Des peintures, des dorures et des tentures lui rendent l'aspect qu'il avait autrefois. On remarque au 1er étage : la première salle des gardes (belles cheminées en pierres sculptées et dorées); la seconde salle des gardes, qu'un escalier fait communiquer avec la salle des États; la galerie de la reine; le cabinet de toilette de Catherine de Médicis; la chambre à coucher où elle est morte en 1589 (charmant plafond); son oratoire (beaux vitraux de M. Lavergne, 1860), et son cabinet de travail (ravissantes boiseries sculptées, dans lesquelles on ne compte pas moins de 248 motifs d'ornementation différents; fenêtre par laquelle Marie de Médicis s'évada); — au 2e étage : la salle des gardes, qui servait de salle de conseil lors des seconds États de Blois ; elle était autrefois divisée en deux parties (cabinet et salle des gardes); une seconde salle des gardes ; un escalier par lequel Henri III descendit chez sa mère après le meurtre du duc de Guise (*V. Histoire*); la galerie du Roi; le cabinet neuf ou cabinet de travail du roi, où se tenait Henri III pendant la sanglante tragédie ; la chambre à coucher du roi, dans laquelle Guise vint mourir ; l'arrière-cabinet dans lequel s'ouvrait la porte biaise près de laquelle Guise reçut les premiers coups ; et le cabinet de toilette du roi, où deux moines demandaient à Dieu le succès d'une « expédition entreprise pour le repos du royaume. »

Du cabinet de travail de Catherine de Médicis, on peut aller visiter, dans la *tour* dite *du Moulin* ou *des Oubliettes* (XIIIe s.), une prison encore armée d'une lourde porte en fer de plain-pied avec les appartements royaux. C'est dans la salle basse située au-dessous que fut enfermé et assassiné le cardinal de Guise, frère du duc.

L'*aile de Gaston*, ajoutée au XVIIe s. par Gaston d'Orléans, frère de Louis XIII, présente sur l'escalier une fort belle coupole.

La *cathédrale*, bâtie à la fin du XVIIe s. dans le style gothique, a conservé, à la base de la tour, haute de 52 mèt., des parties du XIIe s. — Le *palais épiscopal* a été construit par Colbert. — *Saint-Laumer* ou *Saint-Nicolas* (mon. hist.), la plus belle église de Loir-et-Cher, après la Trinité de Vendôme, a été bâtie de 1138 à 1210 pour une abbaye de Bénédictins. Longue de 86 mèt., elle est précédée d'une façade majestueuse que flanquent deux tours de largeur très-inégale. Au-dessus des trois portes règne une galerie correspondant au triforium intérieur. Des arcs-boutants à double volée donnent du mouvement aux façades latérales. Sur la croisée se voit la souche d'une tour carrée qui enveloppe une curieuse coupole à nervures, à arcades aveugles et à statuettes. Le chœur comprend une partie rectangulaire avec doubles bas-côtés et un déambulatoire desservant trois chapelles. La chapelle de l'axe date seulement du XIV° s.; une chapelle du XV° s. lui forme un prolongement; mais cette dernière ne sert plus au culte. On remarque surtout, à l'intérieur de Saint-Nicolas, un retable de 1467, dont les sculptures développent, dans une série de tableaux, l'histoire de sainte Marie l'Égyptienne; une belle verrière de la Renaissance, et le tombeau de M. de Lezay-Marnezia, préfet de Loir-et-Cher, mort en 1857.

L'*Immaculée-Conception* a été bâtie pour les Jésuites, de 1626 à 1671. Avant la Révolution, elle renfermait le tombeau de la mère de Stanislas, roi de Pologne. Le monument élevé par M{ll}° de Montpensier à Gaston, son père, existe encore; mais il ne contient plus le cœur du prince, qui a été jeté dans la rue en 1793. Un square s'étend entre cette église et le château.

Saint-Saturnin, l'église du faubourg de *Vienne*, situé sur la rive g. de la Loire, date des XV° et XVI° s.; on en remarque surtout le clocher central, d'une forme assez singulière. Une grosse tour flanque la façade. Derrière l'autel de la Vierge, un curieux tableau de 1634 représente un vœu fait par la ville de Blois à Notre-Dame-des-Aides. La statue de Notre-Dame-des-Aides est un but de pèlerinage très-fréquenté pour lequel la reine Anne de Bretagne eut une grande dévotion. Elle a reçu en 1861 les honneurs d'un couronnement solennel.

Escalier du château de Blois.

Vis-à-vis du grand portail de Saint-Saturnin se trouve un bâtiment du xv⁰ s., qui dépend de l'*hôpital général* (près de 300 lits), agrandi de nos jours. A ce bâtiment est adjacent un vaste préau, bordé de galeries où des pilastres en pierre, de la Renaissance, supportent une curieuse charpente. C'était un cimetière au xvi⁰ et au xvii⁰ s. — En face de l'hôpital, mais sur la rive dr. de la Loire, se trouve l'*hôtel-Dieu* (250 lits), qui occupe les bâtiments de l'ancienne abbaye de Saint-Laumer, reconstruits aux xvii⁰ et xviii⁰ s., et agrandis en 1845. — La *halle au blé* (place Denis-Papin) a été construite en pierre et en briques, au milieu du square, par M. de la Morandière. — Le *palais de justice* (place Denis-Papin) date de 1841; — la *préfecture*, située sur la même place, de 1828. — La *bibliothèque*, qui compte 30,000 vol., et qui renferme un heureux choix de livres, occupe une salle trop petite dans l'*hôtel de la mairie*, reconstruit en 1777. Elle a été en partie formée par la bibliothèque de M. de Thémines, évêque de Blois (1776-1790), qui avait réuni celles des abbayes de Saint-Laumer, de Bourg-Moyen et de Pontlevoy. — Près du *grand séminaire*, où a été bâtie une jolie *chapelle*, décorée de peintures, s'élève, sur la route de Paris, derrière la halle au blé, l'*asile des aliénés*. — Le *collège*, installé dans des bâtiments qui dépendaient de l'abbaye de Bourg-Moyen, a eu pour élèves MM. Augustin et Amédée Thierry. La vieille salle d'études (deux nefs voûtées du xiii⁰ s.) a été convertie en chapelle.

La *fontaine Louis XII*, située au-dessous du château de Blois, est un charmant monument du xv⁰ s. — Le *haras* (45 étalons) occupe l'ancien couvent des Carmélites, dont quelques parties intéressantes ont été conservées. — La *tour Beauvoir*, le dernier débris de l'ancien donjon des seigneurs de Beauvoir, est enclavée dans les prisons actuelles.

Blois possède un assez grand nombre de maisons particulières ou d'anciens hôtels que recommandent leur architecture ou les souvenirs qu'ils rappellent. Ce sont : l'*hôtel d'Alluye*, délicieuse maison de la Renaissance, construite par Florimond Robertet, dit le grand baron d'Alluye, ministre et secrétaire des finances sous Louis XII et François I⁰ʳ. On y remarque surtout : dans la cour, trop mutilée, une galerie que décorent les médaillons des douze Césars, en terre cuite; la chapelle; la tour de l'escalier; et, dans une belle salle restaurée par M. Duban, une cheminée aux armoiries de France; — l'*hôtel Denis-Dupont*, du xvi⁰ s., construit pour le célèbre jurisconsulte de ce nom; — le *Petit-Louvre* appelé aussi *hôtel de Cheverny*, bâti vers 1477, agrandi et embelli au xvi⁰ s.; — l'*hôtel d'Amboise*, construit sous le règne de Louis XII; — l'*hôtel d'Épernon*, du xv⁰ s., mutilé; — l'*hôtel de Guise*, décoré à l'intérieur de médaillons malheureusement recouverts de mortier; — l'*hôtel Sardini*, du temps de Louis XII (oratoire orné de fresques remarquables); — l'*hôtel de la Chancellerie*; — l'*hôtel Belot*, du xvi⁰ s.; — le n⁰ 21 de la rue de Beauvoir; — l'*hôtel de la Poste*, de la Renaissance; — la *Tour-d'Argent*, ancien hôtel des Monnaies (tour octogonale du xv⁰ s.). — Les *hôtels de la rue Pierre-de-Blois* et les *maisons de la place Saint-Louis* et *de la rue Saint-Lubin* (1 et 3) offrent encore quelques restes intéressants.

Le *pont* de la Loire a été construit de 1717 à 1724, par Gabriel. Il est en dos d'âne. Sur la clef de voûte de l'arcade centrale s'élève une pyramide haute de 18 mètres.

Bohaire (Saint-), 386 h., c. (Ouest) de Blois. ⟶ Église romane et du xv⁰ s.; châsse du xv⁰ s. renfermant les reliques de saint Bohaire, évêque de Chartres († 623).

Boisseau, 260 h., c. de Marchenoir.

Bonneveau, 525 h., c. de Savigny.

Bosse (La), 244 h., c. d'Ouzouer-le-Marché.

Bouffry, 552 h., c. de Droué.

Bourré, 1,197 h., c. de Montrichard. ⟶ Anciennes carrières servant d'habitations.

Boursay, 682 h., c. de Droué.

Bracieux, 1,165 h., ch.-l. de c. de l'arrond. de Blois.

Brevainville, 575 h., c. de Morée.
Briou, 266 h., c. de Marchenoir.

Belvédère du château de Chambord.

Busloup, 715 h., c. de Morée.
Candé, 750 h., c. de Contres.
→ Château moderne de Madon, autrefois maison de campagne des évêques de Blois; parc arrosé par une source abondante (cascades).

Celle-sur-Braye, 407 h., c. de Savigny.

Cellettes, 1,148 h., c. (Ouest) de Blois. ⟶ Église remarquable des XII° et XIV° s.; beaux vitraux. — Magnifique *château de Beauregard*. Selon une tradition locale, cet édifice a été bâti vers 1520, par François I°r, comme rendez-vous de chasse; reconstruit, en partie, vers 1545, par Du Thiers, secrétaire d'État sous Henri II, réédifié presque entièrement au XVIII° siècle, modernisé en 1809, il a été restauré plus tard par le duc de Dino. La *galerie des portraits*, exécutée au XVII° siècle (1617-1638), par Paul Ardier, conseiller d'État, au premier étage, est surtout curieuse; elle ne renferme pas moins de 363 figures historiques célèbres, dont plusieurs ne se sont conservées que là. Le plafond, qui n'a pas été restauré, est remarquable. Le carrelage, en faïence émaillée bleue, représente une armée du temps en ordre de bataille; c'est un morceau unique en France.

Chailles, 972 h., c. (Ouest) de Blois. ⟶ Château de Villelouet, bâti par Mansart; riche bibliothèque, beau point de vue.

Chambon, 659 h., c. d'Herbault.

Chambord, 508 h., c. de Bracieux. ⟶ Le territoire de Chambord est enclos par un mur de 35 kilomètres de tour, percé de six portes avec pavillons de gardes. « Le *château de Chambord*, dit M. de la Saussaye (*Blois et ses environs*), forme un carré long de 156 mèt. sur 117 mèt., dont les angles sont flanqués de quatre grosses tours de 19 mètres 50 cent. de diamètre. Un second édifice, moins grand, aussi de forme carrée, et flanqué de quatre grosses tours, à toit pointu et terminé par une lanterne, est entouré en partie par les bâtiments du premier, et leurs deux façades, du côté du N., se confondent en une seule que les quatre tours qui s'y rencontrent partagent en trois parties à peu près égales. » Ce qui caractérise surtout à l'extérieur le château de Chambord, c'est le nombre et la variété de ses ornements, principalement dans la partie supérieure: cheminées, lucarnes, tourelles, flèches, clochetons, que décorent d'innombrables sculptures.

A l'intérieur, la merveille de Chambord est l'escalier en spirale à doubles rampes superposées, dont la disposition est telle que deux personnes peuvent y monter et en descendre sans se rencontrer.

Au-dessus des voûtes des quatre salles, divisées en trois étages, et au niveau des terrasses qui les recouvrent, s'arrête la double rampe et commence le couronnement en forme pyramidale, ayant 32 mèt. de hauteur, et du plus grand effet. Il consiste en 8 arcades accompagnées de colonnes et de piliers d'environ 8 mèt. de hauteur, supportant une autre ordonnance plus élevée, décorée d'une balustrade et se composant de 8 contre-forts, dont les amortissements sont ornés de F et de salamandres gigantesques. Ces arcs-boutants soutiennent la continuation du noyau à jour du grand escalier, dans lequel circule un autre escalier plus petit à une seule rampe, qui conduit à un belvédère surmonté d'un campanile, l'un et l'autre d'une extrême légèreté et d'une grande richesse de détails. Le tout est couronné par une fleur de lis colossale en pierre, qui n'a pas moins de 2 mèt. de hauteur.

Dans les angles formés au point de jonction de la façade et des ailes, du côté de la cour, s'élèvent deux beaux *escaliers* à jour. On compte en tout dans le château treize grands escaliers montant du rez-de-chaussée au haut du bâtiment, et un grand nombre de petits escaliers qui font seulement communiquer deux étages ensemble, et qui sont cachés dans l'intérieur des murs. — La *chapelle* (dans la tour de l'O.), achevée par Henri II, est bien conservée. — Le bâtiment qui a été construit en hors-d'œuvre à l'angle formé par la tour du N. et par la façade renferme une chapelle plus petite, ou plutôt un *oratoire* fort curieux pour ses ornements, mais qui a malheureusement été endommagé par l'humidité et par le badigeon. Le nombre des pièces que contient le château s'élève à 440; mais aucune n'est meublée. Dans le *sa-*

lon de réception, on remarque une statuette en bronze du comte de Chambord, et, entre autres portraits, ceux de Louis XIV et de Mme de Maintenon, par Rigaud, et d'Anne d'Autriche, par Mignard. La *chambre du maréchal de Saxe* est ornée d'un portrait de Mme de La Fayette, d'un beau Van der Meulen représentant Louis XIV et son état-major, d'une Bataille de Fontenoy, par Bertrand, et d'un très-beau portrait de Marie Leczinska, par Vanloo.

Le château de Chambord, la merveille de la Renaissance française, fut bâti par François Ier. Après avoir appartenu aux rois de France, au maréchal de Saxe et au prince de Wagram, il fut acheté, en 1821, par souscription nationale, et offert au duc de Bordeaux, qui le possède encore aujourd'hui et en a pris le nom dans l'exil.

Près du château s'élève une jolie petite *église* terminée en 1855 (tableau d'Alphonse Le Hénaff, représentant saint Louis tenant la Couronne d'épines; fresques sur fond d'or: les Apôtres; quatre vitraux représentant sainte Clotilde, saint Henri, la reine Blanche et Charlemagne).

Champigny, 798 h., c. d'Herbault.

Chaon, 612 h., c. de la Motte-Beuvron.

Chapelle-Enchérie (La), 429 h., c. de Selommes.

Chapelle-Montmartin (La), 586 h., c. de Mennetou.

Chapelle-Saint-Martin (La), 988 h., c. de Mer.

Chapelle-Vendômoise (La), 495 h., c. d'Herbault. ⟶ Dolmen (mon. hist.), un des plus beaux et des plus complets que possède la France.

Chapelle-Vicomtesse (La), 460 h., c. de Droué.

Châteauvieux, 1,125 h., c. de Saint-Aignan.

Châtillon, 1,620 h., c. de Saint-Aignan.

Châtres, 1,241 h., c. de Mennetou. ⟶ Église des XIIe et XIIIe s.

Chaumont-sur-Loire, 945 h., c. de Montrichard. ⟶ Le *château de Chaumont* (monum. hist.), construit à la fin du XVe s. et au commencement du XVIe, par la famille d'Amboise appartint un peu plus tard à Diane de Poitiers, qui l'échangea avec Catherine de Médicis, contre Chenonceaux. Mme de Staël l'habita pendant son exil. Ce château se compose, à l'extérieur, du côté de la plaine, de deux corps de logis irréguliers, flanqués d'une tour à chaque angle et réunis au pavillon de la voûte d'entrée par deux autres tours pourvues de mâchicoulis. Un pont-levis donne accès au porche. « Il faut s'arrêter sur ce pont-levis, dit M. Jules Loiseleur, pour examiner les détails de l'épaisse porte de chêne où sont sculptés les douze Apôtres, et le médaillon de pierre qui décore le porche (initiales de Louis XII et d'Anne de Bretagne).... A la hauteur de ce médaillon, des armoiries sont incrustées sur les tours qui gardent le porche : sur celle de droite sont les armes de Georges d'Amboise surmontées du chapeau de cardinal; sur la tour de gauche, celles de son neveu Charles de Chaumont, amiral et grand-maître de France. C'est à ce dernier sans doute (1499) qu'il faut attribuer toutes ces sculptures. On franchit le pont-levis et le porche, on laisse à gauche une galerie peinte, pleine d'une ombre lumineuse, et l'on se trouve dans une cour d'honneur, vaste quadrilatère dont trois côtés sont entourés de corps de logis et dont le quatrième ouvre sur un passage fait à souhait pour le plaisir des yeux. Ce quatrième côté était jadis, comme les trois autres, clos de bâtiments, qui furent abattus, il y a quelque cent ans, par un conseiller au Parlement de Paris, Bertin de Vaugien, alors propriétaire du château. Il n'y a de vraiment remarquable, dans ce vaste parallélogramme de pierre, que la *galerie* qui en occupe le fond et qui rappelle celle qu'on admire au château de Blois, dans la partie bâtie par Louis XII. Elle est composée d'arcades à jour, formées de piliers carrés et trapus que couronnent d'élégants chapiteaux. Le *balcon* en saillie qui coupe l'angle du porche, et les contre-forts sculptés qui soutiennent le *grand escalier* présentent aussi de gracieux détails. A g. sont les bâtiments d'habitation, à droite les appartements historiques et la *chapelle*, ogivale, qui renferme un retable en bois sculpté, de beaux vitraux, le siége en chêne sculpté et le chapeau du cardinal Georges d'Amboise. Le *salon*, du style Louis XII, est décoré de nombreuses peintures, parmi lesquelles nous citerons surtout un portrait de *Catherine de Médicis*, d'un peintre inconnu, et un *Enfant Jésus*, par Murillo. La *salle de billard* et le *vestibule* sont tendus de belles tapisseries. La *bibliothèque* contient : une riche collection d'assiettes, peintes par M*me* la comtesse d'Aramont et représentant les principaux châteaux de France, les panneaux de la voiture de Louis XVI et l'épée du roi Jacques. Dans la *salle à manger*, jolie et bien restaurée, on remarque, entre autres curiosités, une *pendule* du temps de François I*er*, une belle porte de la même époque et des bahuts curieux. Un escalier sculpté conduit au premier étage, où l'on visite : la *salle des Gardes*, qui renferme des peintures de 1559, des tapisseries des Gobelins et des meubles de 1530 ; la *chambre* de Catherine de Médicis (tapisseries de Beauvais, fort beau lit du xv*e* s., joli groupe en bois sculpté, curieux portebougies, etc.) ; la *salle du Conseil*, dont les peintures ont été refaites d'après celles de 1460 (meubles et bahuts antiques, belle cheminée, toiles de Murillo, une *Adoration des bergers* et une tête d'étude) ; la *chambre* de l'astrologue Ruggieri, tendue en tapisserie des Gobelins ; l'ancienne *chambre* de Diane de Poitiers, véritable musée. Sur les créneaux de la tour située à droite de l'entrée se voient encore les signes astrologiques et cabalistiques de Catherine de Médicis.

Chaumont-sur-Tharonne, 1,348 h., c. de la Motte-Beuvron.

Chaussée-Saint-Victor (La), 798 h., c. (Est) de Blois.

Chauvigny, 678 h., c. de Droué.

Chémery, 1,112 h., c. de Saint-Aignan.

Cheverny, 1,258 h., c. de Contres. ☛ Église : portail du xii*e* s. — Château (mon. hist.) construit en 1634 par le comte de Cheverny, et entouré d'un très-beau parc. « Le château de Cheverny, dit M. de la Saussaye, est une noble, régulière et magnifique habitation. Son architecture tient, par plusieurs détails, au temps de la Renaissance, et, par l'ordonnance générale, au style qui atteignit son apogée sous Louis XIV. La façade se compose d'une suite de corps de logis et de pavillons. » On remarque à l'intérieur : une *galerie* ornée de peintures représentant des scènes de la vie de Don Quichotte, et une belle salle à manger, aux tentures de cuir, avec un magnifique dressoir et une cheminée du temps d'Henri IV ; — l'*appartement du roi*, composé d'une salle des gardes, d'une chambre à coucher et de plusieurs cabinets. La salle des gardes est dans son état primitif ; les peintures du plafond, des lambris et des panneaux de fenêtres sont admirablement conservées. Des armures forment la décoration de cette salle. Sur le manteau de la cheminée, orné de sculptures grossières d'exécution, mais hardies de trait, sont peints différents traits de la mythologie. La chambre du roi s'ouvre à droite de la salle des gardes ; les peintures du plafond, de la cheminée et de dessus de porte, sont dues, comme toutes celles du château, au pinceau d'un artiste blésois, nommé Jean Mosnier ; elles représentent l'histoire de Persée et celle de Théagène et de Chariclée. Les tapisseries en sont belles ; on y remarque aussi de vieux meubles, et une collection de haches et outils de l'âge de pierre. L'aile occidentale renferme une belle collection minéralogique.

Chissay, 1,164 h., c. de Montrichard.

Chitenay, 903 h., c. de Contres.

Choue, 957 h., c. de Mondoubleau.

Choussy, 292 h., c. de Saint-Aignan.

Chouzy, 1,404 h., c. d'Herbault. ☛ Ruines de l'abbaye de femmes de la Guiche, fondée en 1268, par Jean de Châtillon, comte de Blois. Il en reste encore une belle salle voûtée du xiii*e* s. à deux nefs, longue de 40 mètres, et surmontée d'un grenier, et une galerie du cloître. Une petite chapelle moderne renferme un panneau sculpté du xvi*e* s.

Château de Chaumont.

et surtout les statuettes du fondateur et d'un autre comte de Blois, Guy Ier.

Claude-de-Diray (Saint-), 1,210 h., c. (Est) de Blois.

Colombe (La), 434 h., c. d'Ouzouer. →→→ Ruines de l'abbaye du Petit-Citeaux (1221).

Conan, 375 h., c. de Marchenoir.

Concriers, 369 h., c. de Marchenoir.

Contres, 2,617 h., chef-lieu de canton de l'arrondissement de Blois. →→→ Au presbytère, qui occupe les restes de l'ancien château, buste de Louis XII érigé pour perpétuer la mémoire du traité conclu dans ce lieu par Louis XII avec Philippe d'Autriche (1505).

Cormenon, 551 h., c. de Mondoubleau.

Cormeray, 654 h., c. de Contres.

Couddes, 590 h., c. de Saint-Aignan.

Couffy, 784 h., c. de Saint-Aignan.

Coulanges, 335 h., c. d'Herbault.

Coulommiers, 400 h., c. de Selommes. →→→ Donjon du XIIe siècle.

Cour-Cheverny, 2,282 h., c. de Contres. →→→ Église du XIIe siècle.

Cour-sur-Loire, 383 h., c. de Mer. →→→ Église (mon. hist.) des XIIe et XVe siècles; beaux vitraux.

Courbouzon-Herbilly, 550 h., c. de Mer.

Courmemin, 636 h., c. de Romorantin.

Couture, 826 h., c. de Montoire. →→→ Clocher du XIIe s. — Curieux château de la Poissonnière (1524); chambre où naquit Ronsard; inscriptions attribuées à ce poëte.

Crouy, 510 h., c. de Bracieux.

Crucheray, 540 h., c. de Saint-Amand.

Cyr-du-Gault (Saint-), 501 h., c. d'Herbault.

Danzé, 1,051 h., c. de Morée. →→→ Gouffre où se perd le Boulon.

Denis-lès-Blois (Saint-), 513 h., c. (Est) de Blois. — Sources minérales ferrugineuses.

Dhuison, 986 h., c. de Neung.

Droué, 1,021 h., ch.-l. de c. de l'arrond. de Vendôme.

Dyé-sur-Loire (Saint-), 987 h., c. de Bracieux. →→→ Église et maisons de la Renaissance.

Écoman, 365 h., c. d'Ouzouer.

Épiais, 214 h., c. de Selommes.

Épuisay, 912 h., c. de Savigny.

Essarts (Les), 175 h., c. de Montoire.

Étienne-des-Guérets (Saint-), 241 h., c. d'Herbault.

Faverolles, 758 h., c. de Montrichard. →→→ A Aiguesvives, au milieu d'un joli domaine, église ruinée (monument historique du XIIe siècle) d'une abbaye, nef avec bas-côtés d'un excellent style; charmante porte à plein cintre; transsept, trois absides, beau clocher roman octogonal avec flèche en pierre, restes de peintures murales. Le croisillon S. a été converti en une chapelle où se conserve une statue de la Vierge que visitent de nombreux pèlerins.

Faye, 283 h., c. de Selommes.

Feings, 537 h., c. de Contres.

Ferté-Beauharnais (La), 596 h., c. de Neung. →→→ Ancien château d'Eugène de Beauharnais. — Église des XIe, XIIe, et XVe siècles.

Ferté-Imbault (La), 994 h., c. de Salbris. →→→ Vieux château, beau parc. — Chapelle de Saint-Thaurin (monument historique du XIIe siècle), renfermant le monument du maréchal de Praslin.

Ferté-Saint-Cyr (La), 1,102 h., c. de Neung.

Firmin-des-Prés (Saint-), 564 h., c. de Morée.

Fontaine-en-Beauce, 687 h., c. de Savigny.

Fontaine-en-Sologne, 789 h., c. de Bracieux. →→→ Église des XIIe, XIIIe et XVe s., avec meurtrières; restes de peintures du XIIIe s.

Fontaine-Raoul, 678 h., c. de Droué.

Fontenelle (La), 686 h., c. de Droué.

Fortan, 333 h., c. de Savigny.

Fossé, 400 h., c. (Ouest) de Blois. →→→ Château du temps de Louis XII, qui fut habité par Mme de Staël.

Fougères, 781 h., c. de Contres. →→→ Château (mon. hist.) bâti au XVe s.; tour de l'escalier ornée du cordon de Saint-Michel; cour décorée d'arcades;

porte d'entrée flanquée de deux grosses tourelles; tours d'angles à mâchicoulis ; grosse tour carrée. Ce château sert de filature.

Françay, 420 h., c. d'Herbault.
Fresnes, 500 h., c. de Contres.
Fréteval, 975 h., c. de Morée. ➜ Curieuses ruines d'un donjon cylindrique du xie s., avec débris d'enceinte et de fossés. — Dolmen de Fontaine. — Tour de Grisset, petite salle carrée avec voûte, regardée comme la *cella* d'un temple romain. *
Gault (Le), 1,077 h., c. de Droué.
Gemme (Sainte-), 255 h., c. de Selommes.
Georges (Saint-), 2,455 h., c. de Montrichard.
Gervais (Saint-), 510 h., c. (Ouest) de Blois.
Gièvres, 1,514 h., c. de Selles. ➜ Cimetière et débris antiques.
Gombergean, 514 h., c. de Saint-Amand.
Gourgon (Saint-), 241 h., c. de Saint-Amand.
Gy, 785 h., c. de Selles.
Hayes (Les), 447 h., c. de Montoire.
Herbault, 855 h., ch.-l. de c. de l'arrond. de Blois.
Hilaire-la-Gravelle (Saint-), 771 h., c. de Morée.
Houssay, 550 h., c. de Montoire.
Huisseau-en-Beauce, 455 h., c. de Saint-Amand. ➜ Beau château du Plessis-Fortias (1590); avenues et jardins dessinés par Le Nôtre.
Huisseau-sur-Cosson, 1,574 h., c. de Bracieux.
Jacques-des-Guérets (Saint-), 144 h., c. de Montoire.
Jean-Froidmentel (Saint-), 856 h., c. de Morée. ➜ Église : riche façade du xvie s.
Josnes, 1,526 h., c. de Marchenoir.
Julien-de-Chédon (Saint-), 570 h., c. de Montrichard.
Julien-sur-Cher (Saint-), 508 h., c. de Mennetou.
Lancé, 772 h., c. de Saint-Amand.
Lancôme, 500 h., c. d'Herbault.
Landes, 794 h., c. d'Herbault. ➜ Trois dolmens, dont le plus beau et le mieux conservé a un toit monolithe de 5 mèt. de longueur.
Langon, 855 h., c. de Mennetou.
Lanthenay, 2,094 h., c. de Romorantin.
Lassay, 252 h., c. de Selles. ➜ Dans l'église (mon. hist.), du xve ou du xvie s., tombeau de Pierre du Moulin, qui sauva Charles VIII à Fornoue, fonda l'église et construisit un château dont il reste un pavillon flanqué de tourelles.
Laurent-des-Bois (Saint-), 601 h., c. de Marchenoir.
Laurent-des-Eaux (Saint-), 1,550 h., c. de Bracieux.
Lavardin, 416 h., c. de Montoire. ➜ Curieuse église (mon. hist.) du xie s. — Le château de Lavardin (mon. hist.) date, dans ses parties les plus anciennes, du commencement du xie s. Il fut restauré à la fin du siècle suivant par Bouchard de Vendôme. Vers la fin du xive s., Jean de Bourbon, comte de Vendôme, restaura de nouveau la forteresse, qui fut habitée, en 1447, par la cour de Charles VII, et démantelée plus tard, en 1589, par ordre du prince de Conti. Le château de Lavardin se composait, comme la plupart des forteresses du moyen âge, de deux enceintes, dont il reste des débris épars, tous les jours amoindris. La partie la plus remarquable est le donjon, construit au xie s., remanié et couronné de mâchicoulis au xive. Deux de ses étages sont voûtés. Au pied de ce donjon s'élève une tour ronde du xiie s., remaniée aussi au xive. — Curieuses grottes, jadis habitées.
Léonard (Saint-), 1,182 h., c. de Marchenoir.
Lestiou, 376 h., c. de Mer.
Lignières, 704 h., c. de Morée.
Lisle, 262 h., c. de Morée.
Longpré, 97 h., c. de Saint-Amand.
Loreux, 454 h., c. de Romorantin.
Lorges, 668 h., c. de Marchenoir.
Loup (Saint-), 514 h., c. de Mennetou. ➜ Ruines de l'abbaye d'Olivet, ancien couvent de Bernardins.
Lubin-en-Vergonnois (Saint-), 568 h., c. (Ouest) de Blois.
Lunay, 1,590 h., c. de Savigny. ➜ Grottes du Breuil, forteresse taillée dans un roc que baigne le Loir, et con-

sistant en un grand nombre de chambres, d'escaliers et de souterrains, qui ont servi de refuge pendant les guerres civiles. — Tombelle.

Madeleine-Villefrouin (La), 90 h., c. de Marchenoir.

Maray, 596 h., c. de Mennetou.

Marc-du-Cor (Saint-), 400 h., c. de Mondoubleau.

Marchenoir, 670 h., ch.-l. de c. de l'arrond. de Blois. ⟶ Ruines de fortifications.

Marcilly-en-Beauce, 204 h., c. de Vendôme.

Marcilly-en-Gault, 904 h., c. de Salbris.

Mareuil, 963 h., c. de Saint-Aignan.

Marolle (La), 389 h., c. de Neung.

Marolles, 513 h., c. (Ouest) de Blois.

Martin-des-Bois (Saint-), 990 h., c. de Montoire.

Maslives, 489 h., c. de Bracieux.

Maves, 931 h., c. de Mer.

Mazangé, 1,092 h., c. de Vendôme. ⟶ Manoir de la Bonne-Aventure (XVIᵉ s.), flanqué de tours.

Méhers, 402 h., c. de Saint-Aignan.

Membrolles, 629 h., c. d'Ouzouer.

Ménars-le-Château, 563 h., c. de Mer. ⟶ Domaine ayant appartenu à Mᵐᵉ de Pompadour; beau château construit en 1764 par son frère et héritier, M. de Marigny; très-beaux jardins avec remarquables statues, dont une antique.

Mennetou-sur-Cher, 1,066 h., ch.-l. de c. de l'arrond. de Romorantin. ⟶ Ruines intéressantes de fortifications et d'un château du XIIIᵉ s. — Église des XIIᵉ et XVᵉ s.

Mer, 4,021 h., ch.-l. de c. de l'arr. de Blois. ⟶ Église des XVᵉ et XVIᵉ s.

Meslay, 249 h., c. de Vendôme.

Mesland, 695 h., c. d'Herbault. ⟶ Église romane (mon. hist.); curieux portail.

Meusnes, 1,070 h., c. de Saint-Aignan.

Millançay, 1,013 h., c. de Romorantin. ⟶ Retranchements d'un camp romain entourant le village.

Moisy, 649 h., c. d'Ouzouer.

Mondoubleau, 1,560 h., ch.-l. de c. de l'arrond. de Vendôme. ⟶ Restes d'un château et des remparts de la ville.

Mont, 1,556 h., c. de Bracieux.

Monteaux, 742 h., c. d'Herbault.

Monthou-sur-Bièvre, 550 h., c. de Contres.

Monthou-sur-Cher, 1,206 h., c. de Montrichard. ⟶ Imposant château du Gué-Péan, en partie féodal.

Montils (Les), 991 h., c. de Contres. ⟶ Le château des Montils, bâti au XIIᵉ s. par Thibault le Grand, comte de Blois, a conservé de cette première construction les vestiges d'une triple enceinte et un imposant donjon cylindrique, de 16 mèt. de diamètre, dont les murs ont 3 mèt. 80 c. d'épaisseur. Au centre de cette tour, remaniée au XIVᵉ s., était percé un puits maintenant comblé.

Montlivault, 884 h., c. (Est) de Blois.

Montoire, 3,167 h., ch.-l. de c. de l'arrond. de Vendôme. ⟶ Le château de Montoire (mon. hist.) occupe le sommet d'un mamelon qui forme saillie sur les collines de la rive g. du Loir. Protégé au N. par la rivière, il était défendu, à l'O. et au S., par un ravin profond et de larges fossés. Une double enceinte de murailles, garnies de tours, l'environnait de toutes parts. La partie principale des ruines est un donjon carré du XIIᵉ s., presque entièrement enfermé dans une sorte de chemise en pierre du XVIᵉ s. Ce donjon, construit en pierres de petit appareil, noyées dans un ciment très-dur, n'a qu'une seule fenêtre carrée, divisée en deux par une colonnette romane. La plus grande partie des fortifications, surtout du côté du S., est moins ancienne. — Maisons du XIVᵉ et du XVᵉ s. — Chapelle Saint-Gilles (XIᵉ s.), mon. hist.; croisillons arrondis; fresques du XVᵉ s.

Montrichard, 3,010 h., ch.-l. de c. de l'arrond. de Blois. ⟶ Sur un monticule, au milieu d'une chemise ou chemin de ronde, s'élève un important donjon roman (mon. hist.), de forme rectangulaire, flanqué de contre-forts comme les tours de Lavardin, de Montoire et la plupart des donjons du nord de la France antérieurs au XIIIᵉ s. Le donjon de Montrichard est attribué au célèbre Foulques Nerra, comte d'Anjou, le plus habile constructeur de forteresses de son temps. Il a été flanqué d'une tour ronde au xv⁰ s. — Maison romane. — Église de Nanteuil (mon. hist.), édifice très-curieux des xii⁰ et xiii⁰ s.; belle façade du xv⁰ s., bâtie aux frais de Louis XI, qui fit aussi construire, au N., deux chapelles superposées; la chapelle supérieure, accessible par trois escaliers dont deux extérieurs, renferme une statue de la Vierge, objet d'un pèlerinage célèbre. — Pont du xvi⁰ s.

Montrieux, 640 h., c. de Neung.
Montrouveau, 375 h., c. de Montoire.
Morée, 1,542 h., ch.-l. de c. de l'arrond. de Vendôme.
Motte-Beuvron (**La**), 1,906 h., ch.-l. de c. de l'arrond. de Romorantin. ⟶ Château moderne, ancien domaine impérial, converti en ferme-école. — Église romane, moderne. — épitaphe du maréchal de Duras. — Hôtel de ville gothique, également moderne.
Muides, 649 h., c. de Bracieux.
Muisans, 511 h., c. de Mer.

Château de la Motte-Beuvron.

Mur-en-Sologne, 1.002 h., c. de Selles.
Naveil, 1,116 h., c. de Vendôme. ⟶ Château de Prépatour, où Henri IV récoltait son vin de Surin, appelé à tort vin de Suresnes.
Neung-sur-Beuvron, 1,211 h., ch.-l. de c. de l'arrond. de Romorantin. ⟶ *Vallum* ou retranchement présumé gaulois.
Neuvy-en-Beauce, 468 h., c. de Bracieux.
Nouan-le-Fuzelier, 1,729 h., c. de la Motte.

Nouan-sur-Loire, 711 h., c. de Bracieux.
Nourray, 228 h., c. de Saint-Amand. ⟶ Église romane (mon. hist.).
Noyers, 1,849 h., c. de Saint-Aignan. ⟶ Menhir haut de 5 mèt. — Motte ou tombelle. — Église romane convertie en grange.
Oigny, 319 h., c. de Mondoubleau.
Oisly, 394 h., c. de Contres.
Onzain, 2,522 h., c. d'Herbault.
Orçay, 501 h., c. de Salbris.
Orchaise, 622 h., c. d'Herbault. ⟶ Au mur de l'église, moderne, sont encastrées d'anciennes sculptures

— Grange du xiii° s. — Grotte d'où sort une fontaine.

Ouchamps, 775 h., c. de Contres.
Oucques, 1,557 h., c. de Marchenoir.
Ouen (Saint-), 555 h., c. de Vendôme.
Ouzouer-le-Doyen, 489 h., c. d'Ouzouer-le-Marché.
Ouzouer-le-Marché, 1,548 h., ch.-l. de c. de l'arrond. de Blois.
Périgny, 369 h., c. de Selommes.
Pezou, 1,100 h., c. de Morée. ⟶ Petite église romane; beau portail. — Curieux prieuré du moyen âge, converti en ferme.
Pierrefitte, 1,365 h., c. de Salbris. ⟶ Église de plusieurs époques; beaux vitraux du xvi° s. — Restes d'un camp romain. — Près de la Sauldre, 55 buttes artificielles, monuments gallo-romains (?).
Plessis-Dorin (Le), 816 h., c. de Mondoubleau.
Plessis-l'Échelle (Le), 255 h., c. de Marchenoir.
Poislay (Le), 502 h., c. de Droué.
Pontlevoy, 2,551 h., c. de Montrichard. — Institution libre très-importante. ⟶ Ancienne et vaste abbaye (ix° s.), épargnée par la Révolution et occupée par l'institution libre; façade S. du xviii° s.; belle chapelle du xv° s., inachevée, renfermant une statue de N.-D. des Neiges. — Église romane. — Aux environs, châteaux de la Charmoise (xvii° s.) et des Bordes (xviii° s.). — A 4 kil., dolmen dit la *Pierre de Minuit*. — Château de l'Alleu (Renaissance).
Pouillé, 853 h., c. de Saint-Aignan.
Pray, 379 h., c. de Selommes.
Prénouvellon, 569 h., c. d'Ouzouer.
Prunay, 896 h., c. de Saint-Amand.
Pruniers, 883 h., c. de Romorantin.
Quentin (Saint-), 506 h., c. de Montoire.
Rahard, 560 h., c. de Morée.
Renay, 370 h., c. de Selommes.
Rhodon, 223 h., c. de Selommes.
Rilly, 461 h., c. de Montrichard.
Rimay (St-), 583 h., c. de Montoire.
Rocé, 283 h., c. de Selommes.
Roches, 167 h., c. de Marchenoir.
Roches-l'Évêque (Les), 627 h., c. de Montoire. ⟶ Belle église ogivale. — Dans la chapelle du château du Boisdan, creusée dans le roc, restes de fresques. — Restes des murs d'enceinte; débris d'une porte de ville et d'une chapelle qui y était attenante. — Presque toutes les habitations sont percées dans le roc. — Deux maisons du xvi° s. — Château de la Vallée, sur l'emplacement de l'abbaye de la Virginité (1220); pavillon de l'abbesse, transformé en maison moderne.
Romain (Saint-), 1,452 h., c. de Saint-Aignan. ⟶ Dans l'église, peintures du xvi° s.
Romilly, 395 h., c. de Droué.
Romorantin, 7,826 h., ch.-l. d'arrond., au confluent de la Sauldre et du Morantin. ⟶ Église des xi°, xii°, xiii° et xvii° s. (mon. hist.); façade et clocher romans de style assez curieux. — Restes d'un château de la Renaissance renfermant la sous-préfecture, le tribunal, la gendarmerie, les prisons et une salle de spectacle. — Maisons des xv° et xvi° s., avec sculptures.
Rougeou, 127 h., c. de Selles.
Ruan, 502 h., c. de Droué. ⟶ Église du xii° s.; beau portail.
Salbris, 1,923 h., ch.-l. de c. de l'arrond. de Romorantin. ⟶ Église des xii° et xv° s.; beaux vitraux.
Sambin, 834 h., c. de Contres.
Santenay, 591 h., c. d'Herbault.
Sargé, 1,580 h., c. de Mondoubleau. ⟶ Château de Montmarin.
Sasnières, 242 h., c. de Saint-Amand.
Sassay, 569 h., c. de Contres.
Savigny-sur-Braye, 2,809 h., ch.-l. de c. de l'arrond. de Vendôme. ⟶ Église des xiii° et xvi° s. — Restes des murs de la ville et ruines d'un château du xii° s.
Secondin (Saint-), 540 h., c. d'Herbault. ⟶ Belles ruines du château de Bury, bâti en 1515, par Robertet, ministre des finances de Louis XII et de François Iᵉʳ.
Seigy, 849 h., c. de Saint-Aignan.
Seillac, 167 h., c. d'Herbault.

Selles-Saint-Denis, 1,219 h., c. de Salbris. ⟶ Belle église de Saint-Genoux (mon. hist. du XV° s.); fresques représentant la Vie de saint Denis.

Selles-sur-Cher, 4,771 h., ch.-l. de c. de l'arr. de Romorantin. ⟶ Vaste église (mon. hist.) des XII°, XIII° et XV° s., dédiée à saint Eusice; le déambulatoire qui environnait le chœur a été détruit intérieurement au XVI° s.; mais on y voit encore extérieurement de larges frises romanes dont les bas-reliefs représentent des scènes de la vie du saint patron. — Hôtel-Dieu du XVII° s. — Pavillons d'un château de la même époque. — Deux maisons du XIII° s. — Vieux pont de 10 arches.

Selommes, 814 h., ch.-l. de c. de l'arrond. de Vendôme.

Semerville, 224 h., c. d'Ouzouer.

Séris, 748 h., c. de Marchenoir.

Seur, 555 h., c. de Contres.

Romorantin.

Soings, 1,112 h., c. de Selles. ⟶ Deux tombelles.

Souday, 1,280 h., c. de Mondoubleau. ⟶ Église des XI° et XVI° s.; vitraux de cette dernière époque. — Château de la Cour-de-Glatigny (XVI° s.).

Souesmes, 1,274 h., c. de Salbris.

Sougé, 1,052 h., c. de Savigny. ⟶ Camp présumé romain.

Souvigny, 655 h., c. de la Motte.

Suèvres, 1,956 h., c. de Mer. ⟶ Suèvres paraît être l'antique *Sodobrium* ou *Sodobria*. — Monuments mégalithiques. — Église Saint-Christophe (mon. hist.) en partie antérieure au XI° s. — Saint-Lubin (mon. hist.), également en partie antérieure au XI° s., restaurée à partir de 1850; clocher soutenu par des arcades; fondements du temple gallo-romain primitif. — Château féodal de Diziers, flanqué de tours.

Sulpice-de-Pommeray (Saint-), 251 h., c. (Ouest) de Blois.

Talcy, 504 h., c. de Marchenoir.

Temple (Le), 545 h., c. de Mondoubleau.

Ternay, 708 h., c. de Montoire.
Theillay, 1,567 h., c. de Salbris.
Thenay, 1,030 h., c. de Montrichard.
Thésée, 1,585 h., c. de Saint-Aignan. ⟹ Curieux bâtiment (mon. hist.), de construction romaine.
Thoré, 961 h., c. de Vendôme. ⟹ Dolmen et menhir. — Château de Rochambeau, ayant appartenu au maréchal de ce nom; dans les rochers où sont les communs du château, cachette du duc de Beaufort pendant la Fronde; parc très-beau, le long du Loir. — Maisons de la Renaissance.
Thoury, 454 h., c. de Neung.
Tour-en-Sologne, 712 h., c. de Bracieux.
Tourailles, 245 h., c. de Selommes.
Tréhet, 189 h., c. de Montoire.
Tremblevif, V. Saint-Viâtre.
Tripleville, 540 h., c. d'Ouzouer. ⟹ Grand dolmen.
Troô, 786 h., c. de Montoire. ⟹ Le village est composé en grande partie de grottes taillées dans le tuf. Ces grottes forment un labyrinthe de plusieurs kilomètres, où se rencontrent des salles circulaires, portant encore chacune un nom particulier, et un puits appelé le *Puits de Jacob*. Toutes les galeries aboutissent à des grottes superposées, qui logent encore la majeure partie des habitants de Troô. — Restes de l'enceinte. — Porte romane, en briques, bien conservée. — Restes de la petite église romane de Saint-Michel. — Deux tombelles, dont l'une, une des plus considérables de la France (175 mèt. de circonf. sur 14 de haut.), supporte la plus grande partie du village. — L'église (mon. hist.), romane, domine le village. — Ruines du prieuré des Marchais (XII° s.), converti en ferme. — Énormes pans de murailles (XI° s.), restes présumés d'un château. — Ruines d'une maladrerie (XI° s.).
Valaire, 166 h., c. de Contres.
Vallières-les-Grandes, 1,055 h., c. de Montrichard.
Veilleins, 552 h., c. de Romorantin.
Vendôme, 9,221 h., la seconde ville du départ., ch.-l. d'arrond., sur le Loir. ⟹ Sur une colline, pittoresques ruines du *château des ducs de Vendôme* (mon. hist.), qui occupent une vaste enceinte et offrent des spécimens de plusieurs époques. Les parties les plus anciennes, flanquées de tours carrées, datent du XI° s. et sont attribuées au comte d'Anjou, Geoffroy Martel; on remarque parmi elles un donjon demi-cylindrique, haut de 20 mèt. et occupé, à l'intérieur, par d'affreux cachots disposés au XVI° s. Un côté de l'enceinte est flanqué de tours rondes à mâchicoulis; le peu de solidité de cette partie de la forteresse fait rapporter sa construction au XV° ou à la première moitié du XVI° s.; à cette époque, le château de Vendôme fut habité par Charles VII, François I°°, Jeanne d'Albret; quelques constructions sont même plus modernes et ne remontent qu'à César de Vendôme (commencement du XVII° s.). Sous les ruines s'étendent de curieux *souterrains* de l'époque celtique, utilisés et transformés au moyen âge.

L'*église de la Trinité* (mon. hist.) réunit ce que les deux dernières périodes ogivales ont produit de plus remarquable dans Loir-et-Cher. La façade offre un magnifique spécimen du style ogival fleuri. La première pierre en fut posée par Marie de Luxembourg, comtesse de Vendôme, et les travaux furent exécutés d'après les dessins et sous la direction du P. de Jarnay, religieux de la Trinité. Le pignon est flanqué à dr. et à g. de clochetons à jour, reliés par une élégante balustrade, qui fait le tour de l'édifice à la naissance du toit. Deux étages d'arcs-boutants soutiennent de toutes parts les murs de la nef, en s'appuyant eux-mêmes sur d'élégants contre-forts, ornés d'arcatures et de clochetons.

L'intérieur de l'église se compose de trois nefs (XIV° et XV° s.), d'un transsept, d'un chœur aussi élevé que le vaisseau principal, et de cinq chapelles absidales. La partie la plus ancienne de l'église est le transsept (au croisillon N., quatre statues du XII° s.), qui appartient au style de transition et même en partie au XI° s. Le chœur et les chapelles absidales paraissent être de la fin du XIII° s. La nef principale se fait remarquer par sa légèreté et par la hardiesse de sa voûte, qu'ornent de belles clefs, ainsi que par son élégant triforium. Au centre de la croix s'élève une petite flèche élancée. Le chœur et les chapelles absidales ont conservé des vitraux des XIV° et XV°s. Nous signalerons aussi la clôture ajourée du sanctuaire (Renaissance), les belles stalles en chêne (1122-1539), deux bénitiers sculptés et, dans une des chapelles absidales, une vitre du XII° ou du XIII° s., figurant la sainte Vierge, etc.

Dans le croisillon de dr. se trouve un curieux tableau russe, où est peinte, en 28 compartiments, la Vie de Jésus-Christ ; ce tableau provient de l'église Saint-Wladimir de Sébastopol. — Le *clocher* féodal de l'abbaye de la Trinité s'élève, isolé, à quelques mètres en avant de l'église. Il appartient tout entier au milieu du XII° s., et les archéo-

Porte et hôtel de ville de Vendôme.

ogues le comptent parmi les plus beaux chefs-d'œuvre de l'architecture de transition. Deux salles monumentales occupent le rez-de-chaussée et le premier étage. Au-dessus de la seconde salle règne, à l'extérieur, un étage d'arcatures en ogive ; plus haut, s'ouvrent sur chaque face deux belles fenêtres en ogive à voussures profondes. Le couronnement du clocher se compose d'un tambour octogonal, percé sur les faces principales de baies en ogives qu'encadre un pignon simulé, de clochetons circulaires posés sur les angles du massif carré de la tour, et d'une flèche en pierre dont le sommet est à 78 mèt. au-dessus du sol. Une des cloches date du XVI° siècle. La rue qui conduit du centre de ville à la Trinité a coupé en deux parties les *magasins* romans de l'abbaye, convertis en habitations.

Le presbytère, derrière l'abside, occupe l'ancien *logis abbatial* (XV°-XVI°s.).

— Au N. de l'église, s'élève un autre bâtiment du xvi⁰ s. — Il reste encore de l'abbaye, de grands *bâtiments* du xviii⁰ s., la chapelle primitive (xi⁰ et xii⁰ s.), une *salle capitulaire* (xiii⁰ s.) et deux galeries d'un beau *cloître* des xiii⁰ et xv⁰ s.

L'église de la Madeleine, dominée par une flèche en pierre garnie de crochets, a été bâtie en 1474. — *Tour Saint-Martin* (xv⁰ s.), reste de l'église du même nom. — *Hôtel de ville* (mon. hist.), établi dans deux anciennes tours de l'enceinte et dans le bâtiment qui les réunit (xv⁰ s.). — *Lycée* du xvii⁰ s., sur l'emplacement de l'hôpital Saint-Jacques, dont il a conservé la magnifique chapelle (1432). — Ancien *hôtel du Saillant*. — *Hôtel du Gouverneur* (Renaissance). — *Chapelle Saint-Pierre de la Motte* (x⁰ ou xi⁰ s.). — *Palais de Justice*, moderne. — *Bibliothèque communale* et *Musée* (1866). — *Statue de Ronsard* (1872). — *Maisons* des xv⁰ et xvi⁰ s. — *Arche des Grands-Prés*, curieux pont jeté sur le Loir.

Verdes, 978 h., c. d'Ouzouer. ⟶ Ruines d'une villa romaine.

Vernou, 885 h., c. de Romorantin. ⟶ Église (mon. hist.) des xii⁰ et xiii⁰ s. — Château de Marcheval, bâti sur les dessins de Mansart.

Veuves, 268 h., c. d'Herbault.

Viâtre (Saint-) ou **Tremblevif**, 1,435 h., c. de Salbris. ⟶ L'église, des xi⁰, xiii⁰ et xvi⁰ s., recouvre une crypte où fut enterré, au xv⁰ s., saint Viâtre. Sur un contre-fort on remarque un petit tremble qui y a pris racine; c'est, suivant la légende, un rejeton du tronc de tremble qui, après avoir été coupé et avoir servi de bière à saint Viâtre, poussa encore des branches qui enlacèrent le chœur. L'église de Tremblevif possède un beau tableau sur toile, de la fin du xvi⁰ s., et une magnifique châsse moderne. — Dans le village, sur un tumulus tronqué, curieux édifice à arcades ogivales, avec autel, appelé « le Reposoir de saint Viâtre ».

Viévy-le-Rayé, 458 h., c. d'Ouzouer. ⟶ Deux tombelles.

Villavard, 262 h., c. de Montoire.

Ville-aux-Clercs (La), 1,045 h., c. de Morée. ⟶ Magnifique château de la Gaudinière.

Villebarou, 989 h., c. (Est) de Blois.

Villebout, 280 h., c. de Droué.

Villechauve, 442 h., c. de Saint-Amand.

Villedieu-en-Beauce, 943 h., c. de Montoire. ⟶ Belle église de 1492. — Ruines du château de la Ribochère.

Villefranche, 1,575 h., c. de Mennetou. ⟶ Église du xii⁰ s.

Villefrancœur, 456 h., c. d'Herbault.

Villeherviers, 671 h., c. de Romorantin. ⟶ Église du xii⁰ s.

Villemardy, 552 h., c. de Selommes.

Villeneuve-Frouville, 157 h., c. de Marchenoir.

Villeny, 595 h., c. de Neung.

Villeporcher, 511 h., c. de Saint-Amand.

Villérable, 463 h., c. de Vendôme.

Villerbon, 680 h., c. (Est) de Blois.

Villermain, 752 h., c. d'Ouzouer.

Villeromain, 289 h., c. de Selommes.

Villetrun, 297 h., c. de Selommes.

Villexanton, 402 h., c. de Mer.

Villiers, 1,511 h., c. de Vendôme. ⟶ Grottes habitées.

Villiers-Faux, 225 h., c. de Vendôme.

Vineuil-sur-Cosson, 1,841 h., c. (Est) de Blois.

Vouzon, 1,516 h., c. de la Motte. ⟶ Château de la Grillière.

Yvoy-le-Marron, 767 h., c. de la Motte.

Typographie Lahure, rue de Fleurus, 9, à Paris.

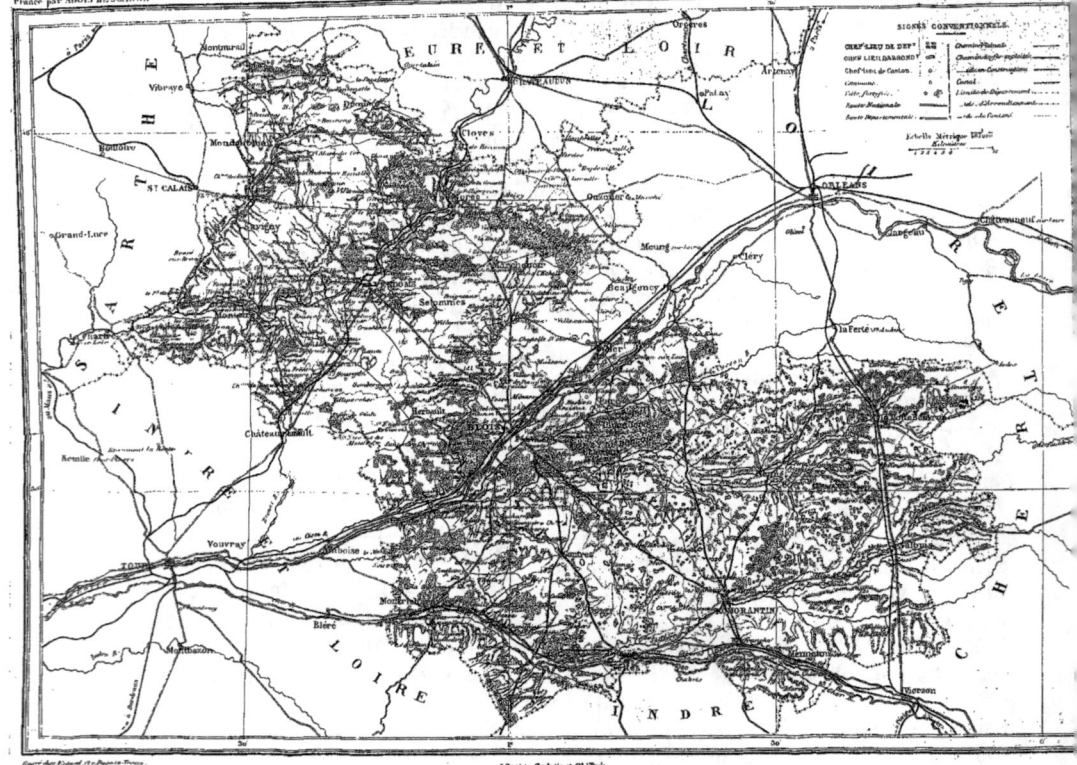

LIBRAIRIE HACHETTE ET Cie

A PARIS, BOULEVARD SAINT-GERMAIN, 79

NOUVELLE COLLECTION DES GÉOGRAPHIES DÉPARTEMENTALES

PAR AD. JOANNE

FORMAT IN-12 CARTONNÉ

Prix de chaque volume . . . . 1 fr.

(Décembre 1878)

41 départements sont en vente

EN VENTE

Ain	11 gravures,	1 carte.	Isère	10 gravures,	1 carte.
Aisne	20	—	1	—	Jura	12	—	1	—
Allier	27	—	1	—	Landes	16	—	1	—
Ardèche	12	—	1	—	Loir-et-Cher	15	—	1	—
Aube	14	—	1	—	Loire	14	—	1	—
Basses-Alpes	11	—	1	—	Loire-Inférieure	20	—	1	—
Bouch.-du-Rhône	27	—	1	—	Loiret	22	—	1	—
Cantal	14	—	1	—	Maine-et-Loire	24	—	1	—
Charente	15	—	1	—	Meurthe	51	—	1	—
Charente-Infér	14	—	1	—	Morbihan	15	—	1	—
Corrèze	11	—	1	—	Nord	20	—	1	—
Côte-d'Or	29	—	1	—	Oise	10	—	1	—
Côtes-du-Nord	10	—	1	—	Pas-de-Calais	16	—	1	—
Deux-Sèvres	14	—	1	—	Puy-de-Dôme	16	—	1	—
Dordogne	14	—	1	—	Rhône	19	—	1	—
Doubs	15	—	1	—	Saône-et-Loire	25	—	1	—
Finistère	16	—	1	—	Seine-et-Marne	15	—	1	—
Gironde	15	—	1	—	Seine-et-Oise	17	—	1	—
Haute-Saône	12	—	1	—	Seine-Inférieure	10	—	1	—
Haute-Vienne	10	—	1	—	Somme	12	—	1	—
Ille-et-Vilaine	14	—	1	—	Vienne	15	—	1	—
Indre-et-Loire	10	—	1	—	Vosges	17	—	1	—

EN PRÉPARATION

Hautes-Alpes — Alpes-Maritimes — Drôme — Hérault — Indre
Hautes-Pyrénées — Pyrénées-Orientales — Savoie — Haute-Savoie
Tarn — Var — Vaucluse — Vendée

ATLAS DE LA FRANCE
CONTENANT 95 CARTES

(1 carte générale de la France, 89 cartes départementales, 1 carte de l'Algérie et 4 cartes des Colonies)

TIRÉE EN 4 COULEURS ET 94 NOTICES GÉOGRAPHIQUES ET STATISTIQUES

1 beau volume in-folio, cartonné : 40 fr.

Chaque carte se vend séparément . . . . 50 c.

TYPOGRAPHIE LAHURE, RUE DE FLEURUS, 9, A PARIS.

www.ingramcontent.com/pod-product-compliance
Lightning Source LLC
LaVergne TN
LVHW022126080426
835511LV00007B/1048